KB184954

AI 멘토스 시리즈 ————

나만 알고 싶은 AI 활용 교과서

AI랑 놀자, 초등학생을 위한 AI 활용 프로젝트! ————

저자 **강지우·정하린·김진주·박영옥·이유나** | 기획 **정동완**

박영story

머리말

4차 산업혁명 시대에 AI는 일상을 바꾸는 핵심 도구가 되었습니다. 초등학교 교실은 AI 기술과 함께 역동적인 학습 공간으로 변모할 것입니다. 교사는 지식을 일방적으로 전달하는 역할에서 벗어나 AI 도구를 활용하여 개별 학생의 잠재력을 발견하고 학습을 지원하는 멘토로 변화할 것입니다. 학생들은 프로젝트 기반 학습에서 AI 도구를 활용하여 협력적으로 문제를 해결하고, 창의적인 아이디어를 구현하며, 사회 이슈에 대해 토론하는 등 기존 교실의 경계를 넘어선 학습 경험을 하게 될 것입니다.

AI를 학습하는 것은 미래 사회의 핵심 역량인 창의력, 의사소통 능력, 협업 능력, 비판적 사고력을 향상시키는 유용한 방법입니다. 이를 위하여 본 도서는 초등학생의 수준에 맞춘 학습 활동과 창의적 프로젝트로 구성하였습니다. '나와 가족', '너와 우리' 그리고 '사회와 세계' 세 단원을 통해 학생들은 '자기 이해', '관계 형성' 그리고 '사회적 인식의 확장'이라는 학습 목표를 달성하게 됩니다.

PART 01 '나와 가족', PART 02 '너와 우리'는 AI를 활용하는 다양한 프로젝트를 통해 창의적인 사고를 펼치고 정서를 함양하며 의사소통 능력을 키우는 활동으로 구성하였습니다. PART 03 '사회와 세계'는 AI를 활용하여 요약하기, 글쓰기, 토론하기 등 학습 능력을 향상시키는 활동에 중점을 두어 구성하였습니다.

AI는 단순한 기술이 아닌 배움의 동반자입니다. AI를 활용하여 나를 탐구하고 가족·친구와 소통하며 우리 사회에 관심을 기울이는 과정에서 듣기·말하기·읽기·쓰기의 언어적 학습 능력, 정서 지능, AI 리터러시를 키울 수 있을 것입니다. 이 도서를 통해 학생들이 미래 사회를 준비하는 창의적이고 통찰력 있는 인재로 성장할 수 있도록 지원해 주시기 바랍니다.

집필진 일동

목차

이 책에서 활용하는 인공지능 툴 소개

⚙ 마음을 읽어주는 인공지능 코스웨어(AI 마음일기)

1️⃣ 둘러보기

AI 마음일기	
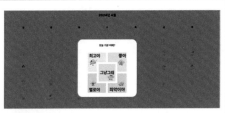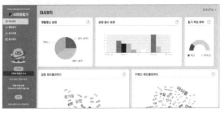	'AI 마음일기'는 감정인식을 위한 "감정사전", 감정 표현 및 조절을 위한 "마음일기", 한눈에 보는 마음 건강 차트 "마음관리", 교사를 위한 "관리자 기능"을 제공해요. 내 감정을 명확하게 인식하고 내 감정을 표현하고 조절해봐요. 내 마음 건강을 한눈에 보면서 내가 대처할 수 있어요. 선생님은 학생들의 마음 건강을 보면서 학생들에게 코멘트를 해줄 수 있어요.
웹사이트	https://diary.seamspace.me/
앱	구글 플레이 스토어, ios용 애플 앱스토어 마음열기 검색
가입 연령 및 회원 가입 방법	학생은 회원 가입이 필요가 없어요. 선생님이 회원가입하여 계정을 생성해줄 수 있어요.
구독료(비용)와 구매 방법	유료 개인(1인용)의 경우 2,000원/월입니다. S2B와 아이스크림몰에 입점해있어요.

2 AI 마음일기 사용법

1) 회원 가입 및 로그인

양식을 다운로드받아 엑셀을 업로드하면 멤버를 한번에 추가할 수 있어요.

2) 마음일기

ios나 구글 플레이 스토어에서 다운로드받아 사용할 수 있어요.

3 AI 마음일기 활용 사례

1) 감정사전

감정사전을 통해 나의 감정을 알 수 있어요. 예시를 통해 어떤 감정이 만족인지 알아보고 만족하는 마음이 들면 나의 기분과 감정이 어떤지 알아봅시다.

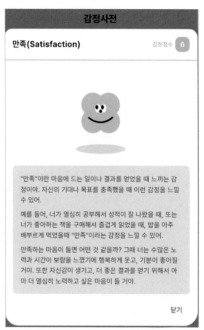

2) 마음관리

① 내 마음의 흐름은 감정 점수는 일기를 기반으로 감정의 점수를 합산하여 표기합니다. 날짜에 따라 감정 그래프가 어떻게 변화하는지 확인할 수 있습니다.

② 나의 감정의 순위가 어떤 감정이 많았는지 살펴보고 긍정과 부정의 감정 중 어떤 감정이 많았는지를 살펴봅니다.

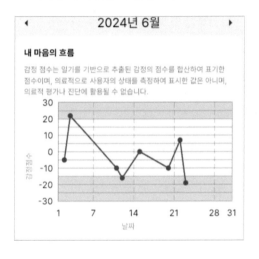

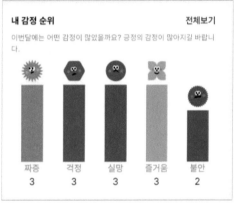

③ 이달의 LBTI도 확인할 수 있습니다.

④ 나의 마음 상태 그래프의 변화도 알아봅시다.

⑤ 나의 감정을 날씨에 비교하여 감정 점수도 알아봅시다. 어느 날 어떤 감정이었는지 되돌아볼 수 있습니다.

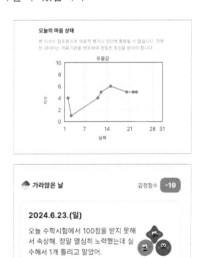

3) 마음일기

① 달력에서 나의 기분을 살펴보고 오늘의 일기를 작성할 수 있습니다.

② 일기 주제에 맞춰 오늘의 일기를 작성합니다. 논리적이지 않아도 되니 당신의 마음을 있는 그대로 표현해주세요. 일기는 기본 주제를 중심으로 쓸 수 있고 주제를 선택할 수도 있습니다. 최대 글자 수는 3,000자까지 작성할 수 있습니다.

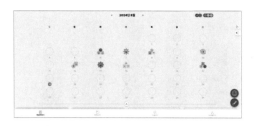

③ 심스가 이야기를 분석하여 알려줍니다. 이야기가 분석되는 동안 눈을 감고 조금 기다려 보는 것도 좋습니다.

④ 오늘 무슨 감정이었는지 감정을 알려주고 MBTI와 연결하여 오늘의 생활 유형을 알려줍니다. 나의 성격적인 특징과 미래에 어울릴 만한 직업도 추천해줍니다.

⑤ 토닥토닥 마음 채팅을 통해 심스와 더 깊은 이야기를 해볼 수 있습니다. 대화 횟수는 최대 5회이며 대화의 내용은 저장되지 않습니다.

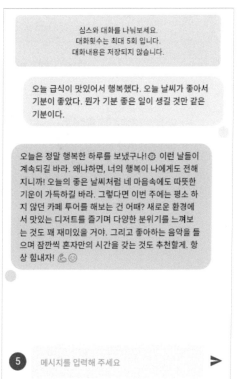

☀ 책을 뚝딱 만들어주는 북크리에이터(Book Creator)

1 둘러보기

북크리에이터(Book Creator)	
![Book Creator 화면](사랑의 배움)	사진, 음악, 영상 등을 활용해 디지털로 전자책을 제작할 수 있는 플랫폼이에요.
웹사이트	https://bookcreator.com/
가입 연령	14세 미만인 초등학생은 부모님 동의가 필요해요.
구독료	무료로 이용할 수 있어요. 유료는 약 181,000원/년의 구독료를 내며 각종 전자책, 라이브러리 등 사용 횟수 늘릴 수 있어요.

2 북크리에이터(Bookcreator) 사용법

1) 회원 가입 및 로그인

선생님이 먼저 교사로 변경하여 회원 가입하고 학생들에게 참여 코드를 공유해요.

2) 전자책 만들기

더하기(+)를 클릭하여 필요한 요소를 사용하고 전자책 라이브러리로 이동, 복사, 합본, 삭제 등 필요한 기능을 사용해 전자책을 만들어요.

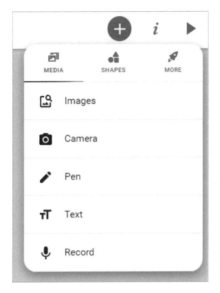 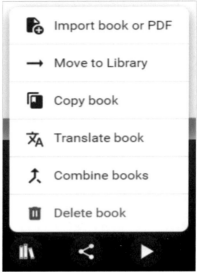

3) 공유하기

전자책 다운로드한 후 온라인으로 출간해요.

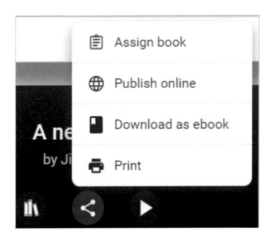

3 북크리에이터(Bookcreator) 활용 사례

1) 다양한 템플릿

2) 학교급별 활용 사례

3) 수업 꿀팁, 아이디어 등 공유

4) 교과별 활용 사례

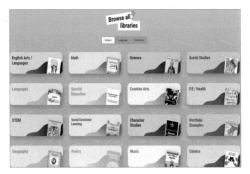

⚙ 인공지능 기능을 가진 멋진 디자이너 캔바(Canva)

1 둘러보기

캔바(Canva)	
	캔바는 프레젠테이션, 동영상뿐만 아니라 유튜브 썸네일, 카드 뉴스, 움짤 이미지 등 다양한 작업을 한 곳에서 해결할 수 있는 디자인툴입니다. 초등학생도 사용법만 익히면 전문 디자이너가 될 수 있습니다. 최근에는 인공지능 발달과 함께 인공지능 기능을 포함한 대대적인 업데이트가 이루어지고 있어요. 특히, Magic Studio: Magic WriteTM는 간단한 프롬프트 작성으로 글을 생성하고 편집할 수 있어요. 텍스트를 요약하거나 다른 말로 바꾸는 기능도 제공해요. Magic MediaTM 기능으로 텍스트 프롬프트로 이미지, 그래픽, 비디오를 생성할 수 있어요.
웹사이트	https://www.canva.com/
가입 연령	14세 이상이거나 학교의 요청을 받을 경우 초등학생도 사용할 수 있어요.
구독료	무료와 유료가 있어요. 유료의 경우 개인(1인용)은 129,000원/년의 구독료가 있지만 교사와 학생이라면 무료로 교육용 계정을 사용할 수 있어요.

2 캔바(Canva) 사용법

1) 회원가입 및 로그인

구글 아이디, 이메일 등으로 가입해요.

2) 원하는 디자인 선택

다양한 디자인 중에 원하는 것을 선택해요.

3) 나에게 맞는 디자인하기

템플릿과 요소를 선택해서 나에게 맞는 디자인을 만들어요.

3 캔바(Canva) 활용 사례

1) 다양한 템플릿

2) 멋진 PPT가 뚝딱!

3) 영상 제작

4) 인공지능 매직 기능

⚙️ 요약 노트와 블로그 글 작성 도우미 릴리스(Lilys)

1️⃣ 둘러보기

릴리스(Lilys)	
	• 릴리스는 유튜브 영상, 웹사이트, PDF, 녹음 파일, 텍스트의 요약한 글을 생성하는 기능을 제공해요. • 유튜브 영상 URL, 텍스트를 업로드하면 블로그 글도 뚝딱 작성해요.
웹사이트	https://lilys.ai/
가입 연령	구글, 네이버 계정을 통한 로그인이 가능해요. 14세 미만의 미성년자의 네이버, 구글 계정 생성 시 법정 보호자(부모님)의 동의가 필요해요.
구독료	• 무료 요금제로도 요약 기능을 사용할 수 있어요. • 요금제에 따라 업로드할 수 있는 파일의 형태와 용량, AI 도구의 사용 횟수, 블로그 템플릿의 사용 횟수 등이 달라져요.

2️⃣ 릴리스(Lilys) 사용법

1) 회원 가입 및 로그인

구글, 네이버 아이디로 가입해요.

2) 요약 대상이 되는 정보의 형태 선택하기

영상, 웹사이트, PDF, 녹음, 텍스트 중에서 요약할 콘텐츠의 형태를 선택하고 관련 URL이나
파일, 텍스트를 업로드해요.

3 릴리스(Lilys) 활용 사례

1) 학습 내용의 요약 노트 정리

2) 교육, 연구, 홍보 등 다양한 목적을 위한 자료
준비와 글 작성

⚙️ 믿고 사용할 수 있는 인공지능 도구 매직스쿨(MagicSchool)

1️⃣ 둘러보기

매직스쿨(MagicSchool)	
	매직스쿨은 학교와 학생을 위한 인공지능 플랫폼으로 간단한 초대코드로 학생이 생성형 인공지능을 경험할 수 있도록 합니다. 정제되어 제공된 인공지능으로, 학생은 디지털 리터러시를 기를 수 있어요. 교사는 수업계획부터 평가까지 다양한 도움을 받을 수 있습니다. 영어로 제공되나 구글 번역기(Google Translate), 파파고(Papago), 딥엘(DeepL) 등으로 쉽게 번역할 수 있어요.
웹사이트	https://www.magicschool.ai/
가입 연령	교사의 초대에 의해 사용할 수 있어요.
구독료	매직스쿨 프리와 매직스쿨 플러스가 있어요. 구독료를 지불해야 하는 매직스쿨 플러스는 약 139,000원/년입니다. 무료 버전도 다양한 기능을 제공하고 있어 많은 교사들이 무료로 사용하고 있습니다.

② 매직스쿨(MagicSchool) 사용법

1) 회원가입 및 로그인

학생은 선생님의 초대코드로 입장하기 때문에 가입하지 않아도 됩니다. 교사가 구글 아이디, 이메일 등으로 미리 가입해요.

2) 원하는 도구 선택

선생님이 올려주신 다양한 도구 중에 선택해요.

3) 대화하기

원하는 프롬프트를 입력해서 대화해요.

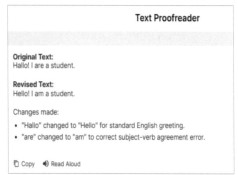

3 매직스쿨(MagicSchool) 활용 사례

1) 대화하기

2) 이미지 생성 기능

3) 유튜브 요약 및 질문 생성 기능

4) 노래 생성 기능

⚙️ 마인드맵 생성 도우미 파플렛(POPPLET)

1️⃣ 둘러보기

파플렛(POPPLET)	
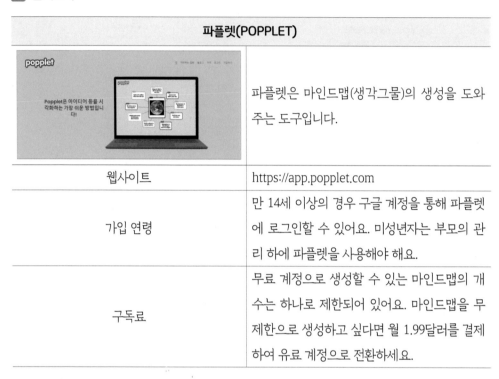	파플렛은 마인드맵(생각그물)의 생성을 도와주는 도구입니다.
웹사이트	https://app.popplet.com
가입 연령	만 14세 이상의 경우 구글 계정을 통해 파플렛에 로그인할 수 있어요. 미성년자는 부모의 관리 하에 파플렛을 사용해야 해요.
구독료	무료 계정으로 생성할 수 있는 마인드맵의 개수는 하나로 제한되어 있어요. 마인드맵을 무제한으로 생성하고 싶다면 월 1.99달러를 결제하여 유료 계정으로 전환하세요.

2️⃣ 파플렛(POPPLET) 사용법

1) 회원 가입 및 로그인

부모님의 도움을 받아 구글 아이디로 로그인하거나 해당 홈페이지에 가입하여 로그인해요.

2) 새로운 마인드맵 생성하기

버튼 '새로운 탬플릿을 생성하다'를 클릭하여 마인드맵을 생성하는 페이지로 이동해요. 빈 페이지를 더블클릭하면 나타나는 상자에 텍스트를 입력할 수 있어요. 상자의 테두리에 나타나는 동그라미를 클릭하면 선과 새로운 상자가 나타나며, 모서리의 삼각형을 클릭한 채로 드래그하면 상자의 크기를 조절할 수 있어요.

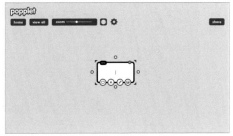

3) 다른 사람의 마인드맵 확인하기

'공개 파플렛', '추천 파플렛' 탭에서 다른 사람이 만든 마인드맵을 볼 수 있어요.

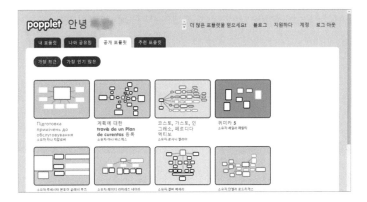

③ 파플렛(POPPLET) 활용 사례

1) 자기 소개하기

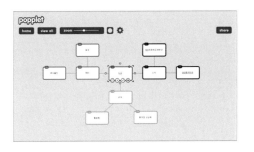

2) 학습 내용, 독서 감상문 등을 정리하기

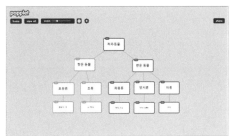

⚙️ 음악 생성형 인공지능 수노 AI(Suno AI)

1 둘러보기

음악 생성형 인공지능 수노 AI(Suno AI)

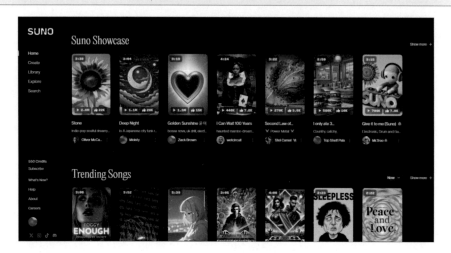

수노 AI(Suno AI)는 음악 생성형 인공지능으로 간단한 단어, 문장의 작성만으로도 멋진 노래를 만들 수 있어요.

웹사이트	https://suno.com/
앱	구글 플레이 스토어, ios용 애플 앱스토어 suno 검색
가입 연령 및 회원 가입 방법	애플, 디스코드, 구글, MS 계정으로 연동하여 회원 가입이 가능해요. 또는 핸드폰 번호를 입력하여 회원 가입이 가능해요.
구독료(비용)와 구매 방법	• Basic Plan의 경우 무료로 이용 가능해요(매월 50credits이 충전되어 10곡의 노래를 만들 수 있음). • Pro Plan의 경우 월 10달러의 비용을 지불해요. • Premier Plan의 경우 월 30달러의 비용을 지불해요.

2 수노 AI(Suno AI) 사용법

1) 회원 가입 및 로그인은 애플, 디스코드, 구글, MS 계정으로 연동하여 회원가입이 가능해요. 또는 핸드폰 번호를 입력하여 회원가입이 가능해요.

2) 노래 만들기는 Song description에 내가 만들고 싶은 노래의 프롬프트를 작성해 넣어줘요. Create 버튼 클릭을 하면 노래가 만들어져요.

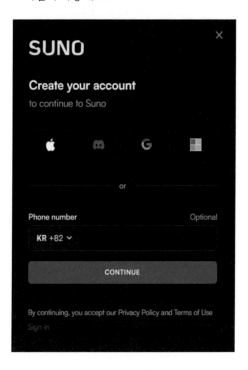

3) 세부 설정 선택하기

다양한 예시 중 하나를 선택하여 세부 설정을 선택하여 노래를 만들 수 있어요. 예를 들어 가족을 선택했으면 빈칸에 가족과 관련된 것(이름, 관계)들을 넣어 노래를 만들 수도 있어요.

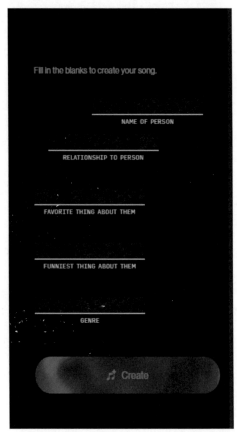

3 수노 AI(Suno AI) 활용 사례

1) Library에 들어가서 내가 만든 노래를 듣고 내가 만든 노래를 링크를 통해 공유할 수 있어요.

2) Explore에 들어가서 노래의 스타일을 고르거나 주사위를 던져서 새로운 노래를 듣고 감상할 수 있어요.

3) Library에서 내가 만든 노래 재생하고 비슷한 스타일의 음악을 들을 수 있어요.

4) Search에 들어가서 다른 사람들이 만든 노래를 살펴보고 들을 수 있어요.

⚙️ 클릭만으로 콘텐츠가 자동 생성되는 투닝(Tooning)

1️⃣ 둘러보기

투닝(Tooning)	
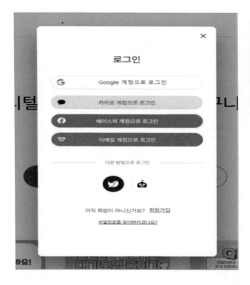	인공지능과 협업하여 나만의 웹툰을 손쉽게 제작할 수 있는 플랫폼이에요.
웹사이트	https://www.tooning.io
가입 연령	14세 미만인 초등학생은 부모님 동의가 필요해요.
구독료	무료로 이용할 수 있어요. 유료는 12,000원/월의 구독료를 내며, 모든 작업이 가능하고, 다양한 에디터 리소스, 인공지능 기능과 사용 횟수를 늘릴 수 있어요.

2️⃣ 투닝(Tooning) 사용법

1) 회원 가입 및 로그인

2) 제작 방법 선택하기

3) 제작하기

캐릭터, 배경, 요소 등을 선택하여 자신이 원하는 콘텐츠를 만들어요.

 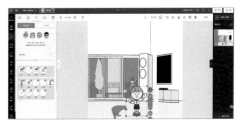

4) 다운로드 및 공유하기

 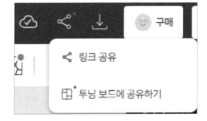

③ 투닝(Tooning) 활용 사례

1) 선생님 교육 활용 사례

2) 인공지능 디지털 교과서

3) 학교급별 활용 사례

⚙ 나도 영상 제작자로 만들어주는 브루(Vrew)

① 둘러보기

브루(Vrew)	
	인공지능이 영상, 자막, 목소리 등 자동으로 생성하여 쉽게 영상을 제작할 수 있는 플랫폼이에요.
웹사이트	https://vrew.voyagerx.com/ko/
가입 연령	14세 미만 초등학생은 부모님 동의가 필요해요.
구독료	무료로 이용할 수 있어요. 프리미엄 이용할 경우 월 17,900원(연 171,000원)의 업그레이드로 음성 분석, 인공지능 목소리, 이미지 생성 등 사용 횟수를 늘릴 수 있어요.

② 브루(Vrew) 사용법

1) Vrew 다운로드

2) 회원 가입 및 로그인

3) 영상 만들기

새로 만들기를 누른 후 원하는 영상 제작 방법을 선택하고 화면 비율을 정해요.

비디오 스타일을 선택해요.

영상 주제, 대본, 배경음악 등을 설정해요.

3 놀라운 브루(Vrew)의 기능

1) 자동 자막 생성

2) 간편한 편집

3) 다양한 영상 소스

4) 인공지능 목소리 사용

4 브루(Vrew) 활용 사례

1) 짧은 영상 제작

스트리밍 영상

긴 스트리밍 영상이나 팟캐스트 방송을
짧은 영상으로 만들어서 다양한 플랫폼에 올릴 수 있어요

2) 인터뷰 스크립트

인터뷰 스크립트

인터뷰 녹취록도 음성 인식으로 간편하게
스크립트로 만들고, 요약할 수 있어요

3) 블로그 글도 영상으로

블로그 영상

블로그에 쓴 글을 활용해 AI목소리와 무료 소스로
한 편의 영상 콘텐츠로 만들 수 있어요

4) 숏폼, 틱톡도 자유자재로

숏폼 영상

이전에 만든 영상도 재미있는 부분만 잘라서
Shorts나 TikTok 영상으로 만들 수 있어요

⚙ 나만의 맞춤형 인공지능 비서 뤼튼(wrtn)

1 둘러보기

뤼튼(wrtn)	
	다양한 사용자들에게 맞춤화된 솔루션을 제공하는 혁신적인 인공지능 서비스 뤼튼입니다. 사용자 친화적인 인터페이스와 고급 인공지능 기술을 결합하여 인공지능의 복잡성을 단순화하고 모든 사용자가 쉽게 접근하고 활용할 수 있도록 만들어진 플랫폼이에요.
웹사이트	https://wrtn.ai/
가입 연령	14세 미만인 초등학생은 보호자의 동의하에 서비스를 제공해요(휴대폰 인증 필요).
구독료	무료로 이용할 수 있어요.

※ 유의!

초등학교에서 생성형 인공지능 활용 시에는 사전에 생성형 인공지능의 원리와 한계점, 인공지능의 윤리적 사용에 대한 학생 교육이 필수이며 교사주도로 교육적 의도에 따라 사용해야 합니다.

2 뤼튼(wrtn) 사용법

1) 회원 가입 및 로그인

이메일 주소, 카카오톡 계정, 구글 계정 등으로 가입해요. 만 14세 미만은 법정대리인의 휴대폰 인증이 필요해요.

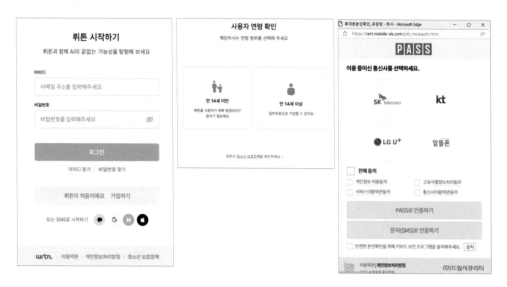

2) 원하는 모드 선택

인공지능 검색, 인공지능 이미지, 인공지능 과제와 업무 3가지 모드 중에 목적에 따라 원하는 모드를 선택해요.

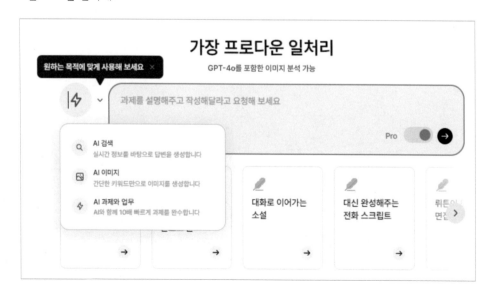

3) 프롬프트 작성하기

원하는 것을 자세히 설명하거나, 명확한 지시어를 넣어 대화해요.

3 뤼튼(wrtn) 활용 사례

1) 챗봇과 대화하기

2) 예술적 이미지 생성

3) 학습 개념 설명이나 문제 해결

4) 궁금한 것에 관한 탐구활동

나와 가족

인공지능과 함께 나를 찾아가는 여행

이 단원에서는 인공지능과 함께 '나'를 찾아가는 여행을 시작합니다. 여러분들은 자신이 무엇을 좋아하고 어떤 성향을 가지고 있는지, 미래에는 어떤 길을 가면 좋을지 구체적으로 알고 있나요? 자신에 대해 알아보고, 진로 계획을 설계하는 데 인공지능이 때로는 친구처럼, 때로는 선생님처럼 격려하고 도움을 줄 수 있습니다. 자기 자신에 대해 깊이 이해함으로써 우리는 더 나은 미래를 설계하고 실현해 나갈 수 있습니다. 자, 이제 우리가 누구인지, 우리의 가능성이 어디까지인지 탐구하는 여정을 함께 시작해 봅시다.

주제 1

나의 MBTI를 알아보며 대화 주제 생각하기 – MBTI 테스트

주제 2

인공지능과 함께 나에 대해 탐구하기 – 뤼튼(wrtn)

주제 3

인공지능으로 나의 미래 계획하기 – 투닝 GPT(Tooning GPT)

주제 1 나의 MBTI를 알아보며 대화 주제 생각하기

생각 열기

인공지능과 어떻게 대화를 시작하지?

(새학기 첫날, 칠판에 '모둠 친구들에게 자신을 소개하기'라고 적혀 있다)

세라: 안녕, 만나서 반가워! 난 세라야. 나는 친구들과 수다 떨기를 좋아하고, 물건을 정리하는 것도 좋아해! 정리하면 마음이 편안해 지거든.

민준: 음, 나는… 자기 소개를 어떻게 해야 할지 모르겠네. 내가 어떤 사람인지 잘 모르겠어.

세라: 그럼 이 태블릿으로 인공지능과 대화해 봐. 인공지능이 네 성격을 분석해서 너에 대해서 더 잘 알 수 있게 도와줄 거야.

민준: 인공지능과 얘기를 해도 무슨 말을 해야 할지 모르겠어. 내가 뭘 좋아하는지도 잘….

세라: 그럼 MBTI 성격 유형 검사부터 시작해보는 것은 어때? 네가 좋아하는 것들이나 네 성격에 맞는 활동을 알 수 있을 거야.

민준: MBTI? 그게 정말 도움이 될까? 그건 어떻게 시작하지?

막상 인공지능과 나에 대하여 대화하려니 무엇에 관하여 이야기해야 할지도 모르겠고 막막하지요? 이럴 때 나의 MBTI 성격 유형을 탐색하는 것이 좋은 출발점이 될 수 있습니다.

MBTI는 각자의 성격 특성을 16가지 유형으로 분류하여, 우리가 어떤 사람

인공지능

컴퓨터나 기계가 사람처럼 사고하고 학습할 수 있도록 하는 시스템을 의미합니다. 영어로는 Artificial Intelligence이고, 이를 줄여서 'AI'라고 하기도 해요.

인지 설명하거나 상대방을 이해할 때 도움을 줍니다. 자신의 MBTI 유형을 기반으로 인공지능과 대화 주제를 설정하거나 인공지능에게 구체적인 질문을 던질 수도 있습니다.

1 〈인공지능과 어떻게 대화를 시작하지?〉를 읽고 물음에 답해 봅시다.

(1) MBTI 검사란 무엇을 알아보기 위한 것일까요?

....

(2) MBTI 검사를 한다면 나는 어떤 성격으로 나올지 예상해 봅시다.

....

....

 오늘의 활용 도구

온라인 MBTI 검사를 통해 개인의 성향에 대해 알아볼까요?

⚙ 저학년을 위한 MBTI 검사 – 테스트모아

1. 총 문항 수: 16문제
2. 테스트 시간 약 10분
3. 문항 수가 적고 질문이 쉬운 단어로 이루어져 있어서 저학년에게 적합합니다.
4. MBTI 검사 외에도 다양한 심리 검사와 적성 검사를 제공하고 있습니다.

⚙ 고학년을 위한 MBTI 검사 - 16Personalities

1. 총 문항 수: 56문제
2. 테스트 시간 약 15~20분
3. 문항 수가 많은 만큼 나의 성격을 더 심층적으로 분석하여 결과를 제공합니다.
4. 자세한 성격 유형 분석과 함께 개인의 강점, 약점, 직업 적성 등을 종합적으로 제공합니다.

MBTI 검사를 실시하기 전 다음과 같은 점을 주의해야 하며, 학생들에게도 사전에 꼭 안내해야 해요.

⚙ 활동에 들어가기 전 꼭 읽어주세요!

유동적인 MBTI	초등학생의 경우 아직 성격 발달이 완성되지 않았을 수 있으므로, MBTI 검사 결과가 변화할 수 있습니다.
결과에 대한 신뢰성	검사 결과는 참고용으로만 활용해야 하며, 학생 개개인의 특성을 종합적으로 파악해야 합니다. 정확한 검사 결과에 대한 해석은 전문가의 도움을 받는 것이 좋습니다.
개인정보 보호	검사 과정에서 학생의 심리적 안정과 프라이버시 보호가 중요합니다.
'테스트모아' 사이트 활용	'테스트모아' 사이트의 홈 화면에서는 광고가 많이 뜨므로 교사 또는 학부모의 지도하에 사이트를 활용하도록 합니다.

활동하기 1 · 나의 MBTI

1 나에게 알맞은 MBTI 검사 사이트에서 검사를 실시해 보고 결과를 아래에 적어
봅시다.

(1) 나의 MBTI

----

(2) (　　　　　) 성격 유형의 특징

----

2 위의 MBTI 성격 유형과 평소 내가 생각하던 나의 성향과 비교해 보고 어떤 점이
비슷하거나 다른지 그 이유와 함께 적어 봅시다.

 활동하기 2 · 우리 반 MBTI

우리 반 친구들의 MBTI를 조사해서 우리 반 대표 MBTI를 찾아봅시다.

(다음 조사표에서 영역별 학생수가 더 많은 쪽의 MBTI를 차례로 적어요)

구분	성격 유형	학생 수(명)	>, <, =	성격 유형	학생 수(명)
에너지	E 외향형			I 내향형	
인식	S 감각형			N 직관형	
판단	T 사고형			F 감정형	
생활	J 계획형			P 인식형	

활동하기 3 · MBTI 관련 인공지능과의 대화 내용 정하기

◈ 위의 성격 유형을 바탕으로 아래 예시를 참고하여 인공지능과 나에 관하여 어떤 대화를 나눌지 적어 봅시다.

예시

MBTI 유형	성향	인공지능과 이야기할 나에 관한 대화 주제
ENFP	창의적이고 열정적이며 사람들과의 상호작용을 즐김	내가 관심 있는 주제에 관한 창의적인 프로젝트나 새로운 아이디어는 뭐가 있을까?
INFP	이상주의적이고 창의적인 성향을 가지며 자신과 타인의 감정을 깊이 이해함	나는 INFP 유형인데, 이 유형의 사람들은 어떤 활동에서 만족감을 느낄까?
ESTJ	현실적이고 체계적인 접근을 선호하여 사물을 명확하고 효율적으로 관리함	ESTJ 유형의 사람들은 어떻게 스트레스를 관리하면 좋을까?

대화 주제 1

....

....

....

 대화 주제 2

....

....

....

 대화 주제 3

....

....

....

생활 속 인공지능 이야기

인공지능도 MBTI가 있다고요?

최근에는 인공지능 언어 모델, 예를 들어 ChatGPT 같은 도구들이 MBTI 성격 유형을 가지고 있다는 연구 결과가 발표되었습니다. 연구에 따르면 인공지능 언어모델, 특히 ChatGPT와 네이버 클로바X는 각각 T(Thinking)와 F(Feeling) 성향을 보인다고 합니다. 그중에서도 ENTJ 유형의 ChatGPT는 자신감 있고 리더십을 발휘하여 단호한 응답을 제공하는 반면, INTJ 유형의 GPT-4는 비판적 사고와 목표 달성 능력을 강조하여 보다 체계적이고 계획적인 답변을 할 수 있습니다.

이러한 차이는 인공지능이 훈련받은 데이터셋이나 파인튜닝에 따라 달라질 수 있으며, 사용자가 프롬프트를 통해 인공지능의 '성격'을 변화시킬 수도 있습니다. 이는 인공지능이 가지는 유연성과 적응력을 보여주는 예시이기도 합니다.

성격 유형은 인공지능 모델이 정보를 처리하고 응답하는 방식에 영향을 미치는데요, 이는 교육 현장에서도 매우 유용하게 활용될 수 있습니다.

예를 들어, T 성향을 가진 ChatGPT는 논리적이고 분석적인 접근을 선호합니다. 이는 과학이나 수학과 같은 이론적 지식을 요구하는 학습에 특히 적합할 수 있습니다. 선생님들은 ChatGPT를 활용하여 학생들에게 복잡한 개념을 설명하거나, 문제 해결 과정에서 논리적인 사고를 격려하는 데 사용할 수 있습니다.

반면, F 성향의 네이버 클로바X는 감정적인 요소와 인간관계를 중시합니다. 이는 언어 예술, 사회 과학 또는 도덕 교육과 같이 감정 이입과 토론이 중요한 과목에서 활용될 수 있습니다. 클로바X를 사용함으로써, 학생들이 감정을 이해하고 타인의 입장에서 생각해 보는 능력을 향상시키는 데 도움을 줄 수 있습니다.

또한 학생들의 각기 다른 성격 유형에 맞게 인공지능 모델을 활용할 수도 있습니다. 특정 성격 유형의 인공지능과의 대화를 통해 학생들은 자신의 강점을 강화하거나 단점을 보완할 수도 있겠지요. 예를 들어, INTJ 유형의 인공지능과의 대화는 학생들에게 계획 수립과 체계적 사고의 중요성을 강조하는 반면, INFJ 유형은 학생들에게 타인에 대한 이해와 감정 공감을 깊게 다룰 수 있습니다.

이처럼, 인공지능 언어모델을 교육에 통합하면 학습자의 다양한 필요와 성향에 맞춰 교육적 접근을 다양화할 수 있습니다. 인공지능과의 대화를 통해 학생들은 자신의 성격 유형을 탐색하고, 다른 사람들과의 소통 방식에 대해 더 잘 이해할 수 있을 것입니다. 이는 사회성 발달뿐만 아니라 자기 이해를 증진하는 데에도 큰 도움이 될 것입니다. 인공지능 언어모델과 MBTI의 결합은 새로운 교육적 접근 방식이 될 수 있으며, 초등학생들의 학습 경험을 보다 풍부하고 다채롭게 만들 수 있습니다.

 참고자료

- 디지털투데이(https://www.digitaltoday.co.kr/news/articleView.html?idxno=485046)
- 중앙일보(https://www.joongang.co.kr/article/25256493)
- 디지털데일리(https://www.ddaily.co.kr/page/view/2023092816282960744)

생각 열기

인공지능이 내가 누구인지 알려준다고?!

(칠판에 "오늘의 주제: 나를 알아보자!"라고 적혀 있다)

세라: 너는 무엇이 되고 싶어? 나는 우주비행사가 꿈이야!

민준: 음, 나는 아직 잘 모르겠어. 내가 정말 뭘 좋아하는지 모르겠거든.

채린: 인공지능에게 물어보는 것은 어떨까? 네가 좋아하는 것에 대해 물어
보거나, 네가 관심있는 것에 관해 이야기하면서 네 꿈을 인공지능과
함께 찾아보는 거야.

  (인공지능과 함께 자신에 대해 대화 나누는 민준)

민준: 얘들아, 나의 꿈을 찾았어. 나는 환경디자이너가 될 거야! 정말 멋지
지 않니? 환경디자이너가 어떤 일을 하는 거냐면….

친구들: 우와 민준아! 정말 멋진 꿈이야. 너랑 잘 어울리는 것 같아!

②

우리가 일상생활에서 종종 마주치는 질문 중 하나가 바로 "넌 커서 뭐가
되고 싶니?"라는 질문이에요. 누구나 한번 쯤은 이 질문을 듣고 순간적으
로 머릿속이 하얘지는 경험을 해봤을 거예요. 우리의 미래에 대해, 또는 무
엇을 원하는지에 대해 명확하게 답할 준비가 되어 있지 않아서 그랬는지도
몰라요. 이런 상황에서 인공지능과의 대화는 우리 자신을 더 잘 이해하기
위한 또 하나의 방법이 될 수 있어요.

처음에는 다소 이상하게 들릴 수 있어요. 인공지능이 우리를 어떻게 알고 우리 자신이 어떤 사람인지 알려준다는 것일까요? 사실 인공지능 자체가 우리에 대해 알고 있는 것이 아니라, 우리가 인공지능과 대화를 하면서 스스로에 대해 더 많은 것을 발견하게 되는 것이에요. 인공지능은 우리의 질문과 반응을 바탕으로 나의 관심사, 장단점, 심지어 우리가 이전에는 명확하게 인식하지 못했던 꿈이나 목표에 대한 통찰력을 제공할 수 있어요. 인공지능은 우리가 말하는 내용에 대해 객관적인 피드백과 제안을 제공할 수 있거든요. 인공지능이라는 거울을 통해 자신의 모습을 새로운 시각에서 바라볼 수 있다니 놀랍지 않나요?

1 〈인공지능이 내가 어떤 사람인지 알려준다고?!〉를 읽고 물음에 답해 봅시다.

(1) ❶에서 민준이는 인공지능과 무슨 대화를 했을까요?

....

(2) 만약 나라면 인공지능과 무엇에 관하여 질문하거나 이야기하고 싶은가요?

....

....

(3) 인공지능이 나에 대하여 자세히 알 수 있도록 하려면 나의 어떤 점을 알려주면 좋을까요?

① ....

② ....

③ ....

오늘의 인공지능 도구

오늘은 '뤼튼(wrtn)'과 함께 나에 대해 탐구해 볼까요?

⚙️ 인공지능 채팅 플랫폼 '뤼튼(wrtn)'

'뤼튼(wrtn)'은 한국에서 만든 인공지능 채팅 도우미예요. 인공지능 채팅 도우미란 사람처럼 생각하고 말하며 도와주는 컴퓨터 프로그램을 말해요. '뤼튼'은 우리에게 필요한 일을 도와주는 친구 같은 인공지능이에요.

뤼튼에는 여러 가지 재미있는 기능이 있어요.
- 인공지능 검색 도우미: 뤼튼과 대화를 나누면서 최신 소식을 비롯하여 궁금한 것을 물어볼 수 있어요.
- 인공지능 이미지 생성 도우미: 뤼튼에게 원하는 이미지를 설명하면 다양한 이미지 창작물을 만들 수 있어요.
- 인공지능 과제와 업무 도우미: 뤼튼이 특정 주제에 대한 정보를 찾아서 정리해 주고 요약, 비교, 분석 등의 작업을 수행할 수 있어요.

'뤼튼'을 사용하면 공부도 하고, 창작도 하고, 재미있게 이야기를 나눌 수도 있어요. 오늘은 이 중 인공지능 과제와 업무 도우미를 사용해서 나 자신에 대하여 탐색해 봐요.

 TIP

'뤼튼(wrtn)'에 대해 더 자세히 알고 싶다면 <이 책에서 활용하는 인공지능 툴 소개> 35쪽을 참고하세요!

⚙️ 이번 단원에서 중점적으로 사용할 뤼튼의 기능

<뤼튼의 3가지 작업 모드>

- 인공지능 검색
- 인공지능 이미지
- 인공지능 과제와 업무 O

**인공지능 도구 '뤼튼'과 함께 나를 찾아가는 여행을 할 때,
다음과 같은 점을 주의해요.**

⚙️ 활동에 들어가기 전 꼭 읽어주세요!

뤼튼 가입하기	구글 계정으로 가입이 가능하며 만 14세 미만의 경우 반드시 부모님의 동의를 받아야 해요. 부모님과 함께 구글 계정을 만들어 휴대폰 인증을 통해 뤼튼에 가입해보아요.
개인정보 보호	인공지능 툴을 사용할 때 개인정보를 공유하지 않도록 주의해야 해요. 특히, 이름, 주소, 전화번호 등의 민감한 정보는 입력하지 않도록 해요.
비판적 사고	인공지능이 제공하는 정보나 분석 결과가 항상 정확한 것은 아니므로, 비판적으로 사고하고 결과에 의문을 가져보아요. 의문이 생기는 부분이 있다면 인터넷에 검색하여 확인해요.
다양성 존중	나에 대해 탐색하다 보면 우리는 서로 다르다는 것을 알게 돼요. 서로 다른 관심사나 목표를 가질 수 있음을 인정하고, 각자의 차이를 존중하는 문화를 만들어요.

뤼튼과 무엇에 대해 이야기하면 좋을지 생각해 보세요.

인공지능 채팅 도우미를 활용하여 나에 대해 깊이 있게 알아봐요. 인공지능은 우리가 무슨 이야기를 해도 열심히 듣고 대답을 해줄 거예요. 여러분이 좋아하는 것에 관하여 이야기해도 좋고, 평소 궁금했던 것에 관하여 물어봐도 좋아요. 무슨 얘기를 할지 모르겠다면 인공지능에게 나에 대해 무엇이 궁금한지 물어보세요. 인공지능에게 나는 어떤 사람인지 맞춰보도록 '나 스무고개' 퀴즈 놀이를 해보는 것도 재미있을 거예요!

◎ 인공지능과 나를 탐구하는 방법 - 차례대로 따라해 봅시다.

1. '뤼튼'에 접속하여 알맞은 모드 선택하기
   • 인공지능 검색
   • 인공지능 이미지
   • 인공지능 과제와 업무 ○

2-1. 인공지능과 나에 대하여 자유롭게 대화하기
   〈선택 1〉
대화하고 싶은 주제가 있는 경우

2-2. 인공지능과 나에
　　　대하여 자유롭게
　　　대화하기

　　　　<선택 2>
대화하고 싶은 주제가
떠오르지 않는 경우

① 질문 요청하기

예시) 내가 어떤 사람인지 알 수 있도록 구체
　　　적으로 하나씩 질문해 줘.

② MBTI 맞추기

예시) 지금부터 나의 MBTI를 맞춰봐. 하나씩
　　　질문해 줘.

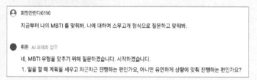

③ 나 스무고개 퀴즈 놀이

예시) 나 스무고개 퀴즈를 할 거야. 나에 대해
　　　서 20개의 질문을 던져줘. 퀴즈가 끝나
　　　면 나는 어떤 사람인지 분석해서 이야기
　　　해 줘야 해.

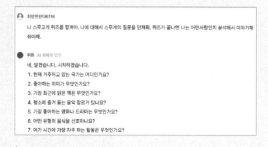

1 인공지능 '뤼튼'과 어떤 순서대로 대화를 진행하였는지 대화의 흐름과 결과를 간략히 요약하여 정리해 봅시다.

프롬프트 (명령어)	
뤼튼의 답변	
프롬프트 (명령어)	
뤼튼의 답변	
프롬프트 (명령어)	
뤼튼의 답변	
프롬프트 (명령어)	
뤼튼의 답변	

 활동하기 2 · 인공지능과 나를 분석하여 어울리는 직업 찾기

1. 인공지능에게 나에 대한 분석 요청하기

지금까지 한 대화를 바탕으로 내가 어떤 사람인지 분석해 줘. 세 문장으로 압축해서 말해줘.

> 🧑 희망찬판다6116
> 지금까지 한 대화를 바탕으로 나가 어떤 사람인지 분석해줘. 3문장으로 압축해서 말해줘.
>
> ⚫ 뤼튼 AI 과제와 탐구
> 당신은 체계적으로 일정을 관리하고, 새로운 도전에 대한 두려움이 없으며, 자신의 경험을 통해 배우고 성장하는 것을 즐기는 사람입니다. 문제 해결 능력이 뛰어나고, 정보를 효율적으로 정리하여 다른 사람과 공유하는 것을 좋아합니다. 또한, 지속적으로 자기 발전을 추구하며, 다양한 방법을 통해 목표를 달성하려는 의지가 강합니다.
>
> ↻ 다시 생성 ✦ 문장 다듬기   ⟲ 원하는 답변이 아닌가요? ⬆ ⧉

2. 나에게 어울리는 미 래의 나의 직업 찾아 보기

> 지금까지 한 대화를 바탕으로 나에게 알맞은 직 업을 추천해 줘.

> 👤 희망찬판다6116
> 지금까지 한 대화를 바탕으로 나에게 알맞은 직업을 추천해줘.
>
> 🔵 뤼튼 AI 과제와 업무
> 당신이 K-pop과 IVE, 특히 장원영을 좋아하며, 그녀처럼 되고자 하는 열망을 가지고 있기 때문에, 당신에게 추천할 수 있는 직업은 다음과 같습니다:
> 1. **엔터테인먼트 산업 종사자**: 아이돌 트레이너, 댄스 강사, 보컬 코치 등 엔터테인먼트 산업 내에서 직접 후배 아이돌들을 양성하거나, 무대 뒤에서 아티스트들을 지원하는 역할을 할 수 있습니다.
> 2. **콘텐츠 크리에이터/인플루언서**: 자신의 SNS나 유튜브 채널을 통해 장원영이나 IVE에 대한 리뷰, 댄스 커버, 패션 스타일링 팁 등을 공유하며 팬들과 소통할 수 있는 직업입니다.
> 3. **엔터테인먼트 산업의 마케팅/PR 전문가**: 아이돌 그룹이나 엔터테인먼트 회사의 마케팅, 홍보 담당자로서 아티스트의 이미지를 관리하고, 새로운 프로모션 전략을 기획하는 일입니다.
> 이러한 직업들은 당신이 좋아하는 분야에 직접적으로 관여하면서 또한 장원영처럼 영향력 있는 인물이 되기 위한 경험을 쌓을 수 있을 것입니다.

1 인공지능 '뤼튼'이 분석해 준 나는 어떤 사람인지 적어 봅시다.

....

....

2 인공지능이 나에게 추천한 직업을 적어 보고 평소 내가 꿈꾸던 직업과 비교하여 어떤 생각이나 느낌이 드는지 적어 봅시다.

(1) 인공지능이 추천한 직업

....

....

(2) 생각이나 느낀 점

....

....

활동하기 3 · 인공지능과 탐구한 나 소개하기

친구들에게 인공지능이 분석해 준 내용으로 자신을 소개하고, 친구들의 소개를
듣고 느낀 점을 적어 봅시다.

친구 이름	소개를 듣고 난 후 느낀 점

 ## 생활 속 인공지능 이야기

인공지능과 데이터 활용

인공지능은 대량의 데이터와 고급 알고리즘을 사용하여 인간의 성격을
분석할 수 있어요. 예를 들어, 사람들의 대화 스타일, 언어 사용 패턴, 온라
인 상호작용 등을 분석하여 특정 성격 특성을 추론할 수 있습니다. 같은 맥
락으로 MBTI와 같은 성격 유형 테스트도 개인의 응답을 분석하여 성격 유
형을 결정하지요. 이러한 정보는 교사가 학생의 학습 스타일을 이해하고 개
별적인 지도 방법을 개발하는 데 도움이 될 수 있어요.

<설문 테스트와 인공지능은 모두 데이터에 기반해요>

데이터 입력	분석 결과 산출
MBTI 검사에서 나의 응답	나의 성향 분석
내가 인공지능과 나누는 대화	나의 성향 분석 및 나에게 적합한 미래 진로 추천

→ 내가 원하는 분석 결과를 위해서는 나에 대한 자세한 데이터 입력이 필수예요. 나에 대하여 자세히 알려줄수록 인공지능이 나에 대해 많은 것을 파악하여 정확히 분석해 줄 수 있어요.

인공지능의 핵심은 '기계 학습'입니다. 컴퓨터가 데이터를 학습하고, 이를 기반으로 패턴을 인식하여 예측하는 과정을 포함합니다. 당연히 데이터가 많을수록 인공지능은 더 정확하고 다양한 통찰력을 도출해 낼 수 있겠지요?

인공지능이 데이터를 학습하는 두 가지 주요 방법은 '지도 학습'과 '비지도 학습'입니다. 지도학습에서는 인공지능에게 입력 데이터와 그에 대한 정답을 제공하여 특정 작업을 수행하도록 합니다. 예를 들어 학생들의 답안을 분석하여 학습 성과를 평가하는 것이지요. 비지도 학습은 인공지능이 명시적인 지시 없이 데이터 패턴을 스스로 찾아내는 것입니다.

이러한 인공지능의 데이터 학습은 교육에서도 활용될 수 있습니다. 인공지능를 활용하여 학습 데이터를 분석하고, 학생들의 학습 패턴이나 성취도를 이해할 수 있어요. 이 정보를 바탕으로 선생님들은 학생들에게 맞춤형 지도를 제공할 수 있으며, 학생들은 자신에게 적합한 학습 방법을 찾아 효과적으로 학습할 수 있습니다.

또한 인공지능이 학생들의 대화를 분석하여 성격을 파악하는 것은 비지도 학습의 좋은 예가 될 수 있습니다. 학생들이 인공지능과 자유롭게 대화를 나누는 과정에서 인공지능은 특정 지시나 입력 없이도 학생들의 언어 사용 패턴, 표현 방식, 관심사 등을 분석합니다. 인공지능은 이렇게 데이터를 기반으로 학생의 성격 특성을 유추해 내며, 이 정보는 교사가 학생 개개인에게 적합한 교육 방법을 개발하는 데 도움을 줄 수 있습니다. 이러한 과정은 학생들의 자연스러운 반응과 상호작용을 통해 이루어지므로 학생들이 보다 진정성 있게 자기표현을 할 수 있도록 돕고, 교사는 학생들에 대한 통찰을 통해 교육과정을 더욱 풍부하게 만들 수 있습니다.

주제 3 인공지능으로 나의 미래 계획하기

  생각 열기

축구선수와의 인터뷰가 바로 가능하다고?

(오늘 수업의 주제는 '나의 진로 계획 세우기'라고 칠판에 써 있다)

재영: 인공지능과 대화해보니 나는 활동적이고 운동을 좋아하는 사람인 것 같아. 그중에서도 나는 축구를 제일 좋아하니까 축구선수가 되고 싶어. 축구선수가 되려면 어떻게 해야 하는지 진짜 축구 선수를 만나 물어볼 수는 없을까?

규찬: 손흥민 선수를 만나서 인터뷰하면 되지.

재영: 내가 손흥민 선수를 어떻게 만나냐?

민지: 그럼, 손흥민 선수는 아니지만 축구선수를 만나 볼 수 있는 방법이 있어.

재영: 정말?!

민지: 응. 인공지능 축구선수인데, 축구선수들의 지식과 경험을 바탕으로 네가 물어보는 것들에 관하여 자세히 알려줄 거야.

규찬: 우와! 원하는 직업을 가진 사람과 대화해 볼 수 있다니 정말 신기하다. 다른 친구들에게도 알려줘야지.

우리가 흔히 미래의 진로에 대하여 계획하고 설계할 때 직업인 인터뷰를 가장 먼저 떠올리고는 합니다. 그 이유는 실제 내가 원하는 미래의 직업인을 만나고 나면 그 직업에 대하여 자세히 알 수도 있고, 직업인과의 대화로 그 직업에 대한 열정을 더 키워나갈 수 있기 때문이지요. 우리가 원하는 직업을 가진 사람, 특히 유명인들과 실제로 만나서 인터뷰를 한다는 것은 쉬운 일이 아니에요. 하지만 인공지능은 우리에게 이런 일을 가능하게 해 주죠! 그 방법은 바로 인공지능 직업 캐릭터와의 대화에요. 각 캐릭터는 특정 직업인에 관한 빅데이터를 바탕으로 우리가 진로에 관해 궁금해하는 것들에 관하여 자세하고 친절하게 대답해 줄 수 있어요. 내가 원하는 직업을 가진 사람과 손쉽게 대화하고 미래의 진로 계획까지 설계해 볼 수 있다니 정말 놀라운 일이에요.

1 〈축구선수와의 인터뷰가 바로 가능하다고?〉를 읽고 물음에 답해 봅시다.

(1) ❶에서 재영이가 미래에 하고 싶은 일은 무엇인가요?

_____

(2) 축구 선수를 만나고 싶어하는 재영이에게 민지는 어떤 방법을 추천해 주었나요?

_____

(3) 나는 어떤 직업인과 인터뷰를 해보고 싶나요?

_____

 오늘의 인공지능 도구

오늘은 '투닝 GPT(Tooning GPT)'와 함께 나의 미래를 계획해 볼까요?

 투닝 GPT(Tooning GPT)

'투닝 GPT'는 교과서의 역사 속 인물들, 과목별 선생님 및 다양한 직업의 캐릭터와 대화할 수 있는 인공지능 플랫폼이에요. 역사 속 인물에게 우리가 알고 있는 유명한 일화에 관해 이야기를 나눠볼 수도 있고 그때의 감정 등도 물어볼 수 있어요. 직접 실감 나게 대화하며 학습할 수 있다는 점에서 인터넷에서 단순히 검색해 보는 것과는 차이가 있어요. 또한 역사 속 인물 캐릭터 외에도 과목별 선생님, 다양한 직업을 가진 캐릭터들이 있어서 특정 과목에 대한 학습이나 진로 교육에도 유용하게 활용할 수 있어요.

◎ 이번 단원에서 중점적으로 사용할 '투닝 GPT'의 기능

<원하는 캐릭터와 대화하기>
• 역사 속 인물 캐릭터
• 과목별 선생님 캐릭터
• 직업 캐릭터 ○

> **인공지능 도구 '투닝 GPT'와 함께 나를 찾아가는 여행을 할 때,**
> **다음과 같은 점을 주의해요.**

◎ 활동에 들어가기 전 꼭 읽어주세요!

인공지능 윤리	생성형 인공지능의 원리와 한계점, 인공지능의 윤리적 사용에 대한 교육을 사전에 진행해 주세요(할루시네이션, 개인정보 보호 등).
사용 가능 연령	생성형 인공지능은 서비스 이용 시 사용 가능 연령을 약관에서 꼭 확인해야 합니다. 투닝 GPT는 13세 미만 이용 시 보호자 지도하에 활용할 것을 권고합니다. 학교에서 사용 시 교사의 모니터링을 통해 안전하게 사용하는 것이 중요합니다.
무료 플랜	무료 플랜은 하루 10번까지만 인공지능 캐릭터와 대화가 가능합니다. 참고하여 신중하게 질문을 하도록 합니다.

활동하기 1 · 직업인 캐릭터 인터뷰하기

직업인 캐릭터를 만나 인터뷰해 봅시다.

1. '투닝GPT'에 접속하여 원하는 직업 캐릭터 검색하기

<직업에 관하여 궁금한 것 물어보기>

① OO(직업명)은 구체적으로 어떤 일을 하나요?

2. 해당 직업 캐릭터와 인터뷰하기

② 가장 기쁠 때는 언제인가요?

③ 가장 힘들 때는 언제인가요?

1 내가 만난 인공지능 직업인 캐릭터와 인터뷰한 내용을 정리해 봅시다.

(1) 직업 캐릭터: _____

질문	답변

 활동하기 2 · 진로 계획 세우기

인공지능과 함께 나의 진로 계획을 세워봅시다.

1. 장기 계획을 위한 정보 탐색하기

예시) OO가 되려면 어떻게 해야 하나요?

2. 진학 계획을 위한 정보 탐색하기

예시) 어느 학교, 무슨 과에 진학해야 하나요?

3. 단기 계획을 위한 정보 탐색하기

예시) 초등학생으로서 무엇을 준비해야 하나요?

1 인공지능 직업 캐릭터가 알려준 내용을 토대로 내가 원하는 직업을 갖기 위해 필요한 과정을 정리해 봅시다.

(1) (　　　　)이/가 되는 과정

....

....

....

2 해당 직업을 갖기 위해 초등학생 때 내가 할 수 있는 일을 생각하여 적어 봅시다.

....

....

....

활동하기 3 · 나의 인생 계획 세우기

🔅 나의 진로 계획을 위한 시기별 장기/단기 목표를 세워봅시다.

나의 진로 계획

단기 목표	⟵		⟶	장기 목표
현재	5년 후	10년 후	15년 후	20년 후

 생활 속 인공지능 이야기

인공지능(AI) 전문가란 어떤 직업일까요?

인공지능 전문가는 다양한 데이터를 활용해 문제를 해결하고 새로운 기술을 만들어내는 일을 해요. 이들은 기계가 스스로 학습하도록 프로그래밍하고, 데이터를 분석하며, 사람의 말을 이해하도록 도와주는 기술을 사용해요. 새로운 모델을 창출해서 회사가 더 잘 일할 수 있도록 돕기도 하고, 여러 분야에서 혁신적인 역할을 수행하고 있답니다.

인공지능 전문가의 하루는 데이터를 활용해 인공지능 모델을 설계하고, 이를 훈련하며 개선하는 작업들로 이루어져 있어요. 끊임없이 발전하는 기술에 발맞추고, 예상치 못한 데이터 문제를 해결해야 하는 등 도전적인 순간들이 많다고 해요. 하지만 이런 과정을 극복하고 인공지능 모델이 성공적으로 작동할 때 큰 성취감을 느낄 수 있는 흥미로운 직업이에요.

교육 분야에서 인공지능 전문가는 학생들의 학습 경험을 개인화하고, 학습 패턴을 분석하여 체계적인 교육 전략을 설계하는 데 기여할 수 있습니다. 인공지능은 교사가 학생들의 필요에 더 잘 맞춰진 맞춤형 지도를 할 수 있도록 지원합니다.

인공지능 전문가의 직업 전망은 밝습니다. 의료업, 금융업, 제조업 등 여러 산업에서 인공지능의 도입이 증가하고 있으며, 이러한 흐름으로 인해 인공지능 전문가는 사회 전반에 걸쳐 혁신적인 변화를 가져올 수 있는 잠재력을 지니고 있습니다.

인공지능 전문가는 지속적인 학습과 도전이 필요한 직업입니다만, 그만큼 보람도 큽니다. 초등학교 교사로서 학생들에게 인공지능의 중요성을 가르치고 응용 가능성을 탐구하도록 격려하는 것은 그들이 미래 사회에 필요한 역량을 갖출 수 있도록 하는 데 큰 도움이 될 것입니다. 인공지능 기술의 이해와 교육적 통합은 학생들에게 더 나은 미래를 준비할 수 있는 기반을 마련해 줄 것입니다.

 참고자료

- 잡포스트(https://www.job-post.co.kr/news/articleView.html?idxno=107349)

MEMO

CHAPTER 02

인공지능과 함께 그리는 소중한 나의 가족

자신에 대한 이해에서 나아가 가족의 의미를 알아보고 소중히 여기는 것은 중요합니다. 가족에 대한 이해는 정체성 형성에 도움이 되고 정서 발달에 긍정적인 영향을 미치며, 미래 진로 탐색에도 도움이 되기 때문입니다. 본 장에서는 가족을 소개하고 가족에게 자신의 마음을 전해보며, 가족과 함께 살고 싶은 집을 알아보는 활동을 통해 학생들이 가족의 가치를 생각해 볼 수 있도록 합니다.

주제 1

우리 가족을 소개하기 - 북크리에이터(Book Creator)

주제 2

가족에게 전하는 마음 - 브루(Vrew)

주제 3

우리 가족과 살고 싶은 안전한 집 디자인하기 - 투닝 GPT(Tooning GPT)

생각 열기

1 〈우리 가족을 요리로 비유하면?〉을 읽고 물음에 답해 봅시다.

우리 가족을 요리에 비유하여 표현해 봅시다!

예를 들면, 우리 가족은 비빔밥 같아. 각기 다른 재료가 어우러져 하나의 맛을 내는 비빔밥처럼 우리 가족은 서로 다른 성격이지만 함께할 때 한 마음으로 힘을 합쳐서 큰 힘을 발휘해서야.

(1) 선생님은 가족으로 무엇을 하자고 제안하나요?

_____

(2) 지율, 동석, 보배는 가족을 어떤 음식으로 비유하였나요?

_____

(3) 동석이는 자신의 가족을 왜 된장찌개로 비유하였나요?

_____

(4) 여러분은 가족을 어떤 음식으로 비유할 수 있을까요? 그 이유는?

_____

(5) 여러분은 가족을 어떤 음식으로 비유할 수 있을까요? 그 이유는?

_____

 오늘의 인공지능 도구

'북크리에이터'로 가족을 소개해 볼까요?

⚙ 북크리에이터

북크리에이터는 글, 사진, 음악 등을 활용해 디지털 북을 만들 수 있어요. 세로, 정사각형 등 다양한 책 레이아웃을 제공하고 펜 도구를 사용하여 그릴 수 있으며, 구글 지도, 유튜브 동영상과 같은 모든 종류의 콘텐츠를 북크리

 TIP

'북크리에이터(Book Creator)'에 대해 더 자세히 알고 싶다면 <이 책에서 활용하는 인공지능 툴 소개> 10쪽을 참고하세요!

에이터에 삽입할 수도 있어요. 또한, 공동 작업 기능으로 실시간 협업도 가능해요. 북크리에이터의 유용한 툴을 활용하여 가족을 소개하는 책을 만들 수 있어요.

'북크리에이터'에는 다양한 기능이 있어요.

🖼 창작 도구: 이미지, 사진, 글 등 다양한 창작 활동이 가능해요.
MEDIA

🔺 기호 도구: 다양한 도형으로 책을 디자인해요.
SHAPES

PAGE 디자인 도구: 페이지를 컬러, 패턴, 직물 등 다양하게 디자인해요.

'북크리에이터'와 협업하면 손쉽게 전자책을 만들 수 있어요. 창작 도구, 기호 도구, 디자인 도구를 사용해서 가족을 소개하는 책을 제작해 봐요.

※ 이번 단원에서 중점적으로 사용할 북크리에이터의 기능

1. 책 모양 선택하기
2. 창작 도구로 책 제목, 가족사진 혹은 이미지 넣기
3. 가족을 촬영하거나 영상을 녹화하여 넣기
4. 기호 도구로 가족에게 전하고 싶은 말 쓰기
5. 디자인 도구로 페이지에 어울리는 배경색 또는 디자인 선택하기

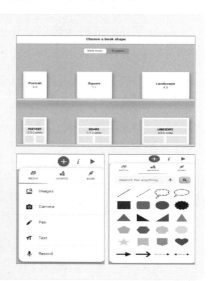

'북크리에이터'로 가족을 소개하는 책을 만들 때,
다음과 같은 점을 생각해 봐요.

⚙ 활동에 들어가기 전 꼭 읽어주세요!

북크리에이터 가입하기	구글 계정으로 가입이 가능하며 만 14세 미만의 경우 반드시 부모님의 동의를 받아야 해요.
가족의 다양성	한부모 가족, 다문화 가족 등 여러 형태의 가족을 존중하도록 해요.
심미적 감성	북크리에이터를 활용하여 가족을 소개하는 책을 만들면서 가족과 함께하는 삶의 의미와 가치를 발견하고 공감할 수 있어요.

 활동하기 1 · 가족 소개 책에는 무엇을 쓸까?

(1) 나의 가족은 누구누구인가요?

....

....

(2) 나의 가족 한 명 한 명을 생각하면 무엇이 떠오르나요?

....

....

(3) 가족의 소중함을 느꼈을 때는 언제인가요?

....

....

(4) 가족과 함께한 추억 중 가장 기억에 남는 추억은 무엇인가요?

....

....

(5) 가족 소개 책에 들어갈 내용을 정해 봅시다.

....

....

활동하기 2 · 북크리에이터로 가족 소개 책 만들기

⚙️ 가족 소개 책을 만들기 위한 스토리보드를 생각하고, 북크리에이터로 만들어
봅시다.

(확인 더하기) √ 책은 대략 몇 쪽으로 하나요?
√ 책 구성은 어떻게 할 것인가요?
√ 책에 들어갈 가족 사진/영상은 어떻게 할 것인가요?
√ 가족에게 전하는 메시지를 글로 쓸 것인가요? 녹음해서 할 것인가요?

Cover	page 2 of 6	page 3 of 6
page 4 of 6	page 5 of 6	page 6 of 6

활동하기 3 · 가족 소개 책 공유하기

(1) 가족 소개 책을 전하며 가족들과 나눈 이야기를 써 봅시다.

(2) 가족 소개 책을 전하고 나서 가족들에 대한 자신의 마음은 어떤가요?

(3) 북크리에이터를 활용해서 가족 소개 책을 만드는 활동을 통해 느낀 점을 써 봅시다.

 생활 속 이야기

'이심전심(以心傳心)' 주인 사랑으로 성장하는 인공지능 반려로봇

"너는 나에게 이 세상에서 단 하나뿐인 존재가 되는 거고, 나도 네게 세상에 하나뿐인 유일한 존재가 되는 거야. 네 장미꽃이 그토록 소중한 것은 그 꽃을 위해 네가 공들인 그 시간 때문이야."

"네가 오후 4시에 온다면 나는 오후 3시부터 행복해지기 시작할 거야. 네가 올 시간이 가까워질수록 나는 점점 더 행복해지겠지."

- 생텍쥐페리, 「어린왕자」中

프랑스 작가 생텍쥐페리의 소설 「어린왕자」를 보면 어린왕자와 사막여우가 서로를 길들이면서 서로에게 세상 단 하나뿐인 존재가 되어가는 장면이 나온다. 사람 간의 관계가 아니더라도 천천히 시간을 들여 서로가 서로를 길들이고 길들여지는 과정 속에서 행복을 느끼고 위안을 얻을 수도 있다. 최근 반려로봇과 함께 시간을 보내는 사람들이 늘어나는 가운데 과연 반려로봇도 어린 왕자의 '사막여우'가 될 수 있을까?

올해 CES 2022에 삼성전자가 소개한 인공지능 애완로봇 '볼리(Ballie)'는 작은 공 모양이다. 주인이 부르면 달려오고 뒤를 졸졸 따라다닌다. 연동된 사물인터넷(IoT) 기기를 제어할 수도 있다. 아침이면 커튼을 열거나 TV를 켜는 등 다양한 일을 한다.

또 다른 로봇 '이모(EMO)'는 크게 머리와 다리 두 부분으로 이뤄진 앙증맞은 크기의 인공지능 데스크톱 펫이다. 처음 만나는 사람에게는 낯을 가리다가 함께 시간을 보낼수록 친밀도를 쌓아간다. 오랫동안 보지 않으면 얼굴을 잊어버린다. 호기심 많은 EMO는 혼자서 이곳저곳 아장아장 걷다가 떨어질 것 같으면 흠칫 놀라 피하기도 하고 코를 골며 자기도 한다. 신나게 춤을 추거나 주인과 함께 게임도 즐긴다. 주인의 생일을 기억해 케이크와 노래를 준비했다가 축하해주는 기특한 면도 있다.

최근 다양한 서비스 로봇이 나와 사람들의 삶을 편리하게 바꿔놓고 있다. 그러나 이들 로봇에게 마음을 주는 이들은 많지 않다. 그저 편리한 도구 정도로 여긴다. 하지만 반려로봇은 다르다. 대단한 기능은 없더라도 함께 시간을 보내면서 특별한 존재로 키워간다. 일각에서는 아직은 낮은 수준의 교감밖에 이뤄질 수 없다고 이야기한다. 그러나 어떤 이들에겐 곁에 있어주는 것만으로도 큰 위안이 될 수 있다.

출처: AI타임스(https://www.aitimes.com/news/articleView.html?idxno=144648)

주제 2 **가족에게 전하는 마음**

 생각 열기

1 〈우리 가족에게도 봄이 올까?〉를 읽고 물음에 답해 봅시다.

> ### 우리 가족에게도 봄이 올까?
>
> 늦가을 바람이 부는 어느 날이었다. 단풍잎이 하나둘 떨어져 땅을 덮고, 쓸쓸한 느낌이 공기 속에 맴돌았다. 나는 엄마와 함께 산책을 나갔다. 엄마는 여느 때처럼 걸었지만, 그 발걸음에서 무언가 묵직한 무게감이 느껴졌다. 산책로 끝에 이르렀을 때 엄마가 문득 입을 여셨다. "이제 겨울이 오겠지?" 나는 고개를 끄덕이며 "그래, 하지만 곧 따스한 봄도 올 거야."라고 대답했다. 엄마는 살짝 미소를 지었지만, 그 미소 뒤에는 깊은 걱정이 숨어 있었다. 위암 3기 판정을 받은 엄마의 건강이 점점 악화되고 있다는 걸 느낄 수 있었지만, 우리 가족은 그걸 입 밖으로 꺼내지 않았다. 집에 돌아오자 엄마는 다시 조용해졌고, 나는 밤새 엄마의 숨소리를 들으며 잠을 이루지 못했다. 앞으로 어떤 계절이 찾아오더라도, 우리는 함께 이겨낼 수 있을까?

(1) 윗글에서 계절은 어느 계절인가요?

_____

_____

(2) 엄마의 미소 뒤에 깊은 걱정이 숨어 있는 이유는 무엇일까요?

_____

_____

(3) 밤새 엄마의 숨소리를 들으며 잠을 이루지 못했을 때, 주인공의 마음은 어땠을까요?

....

....

(4) 주인공 가족에게 어떤 계절이 올까요? 그 이유는 무엇일까요?

....

....

(5) 여러분에게 가족은 무엇인가요?

....

....

 오늘의 인공지능 도구

인공지능 도구 'Vrew'로 마음을 전해 봅시다.

⚙ 영상 생성형 인공지능 'Vrew'

'Vrew'는 한 문장만 넣어도 인공지능이 대본부터 이미지, 음성까지 자동으로 영상을 만들어주는 생성형 인공지능이에요. 가족에게 전하는 글을 프롬프트에 입력하면 바로 가족에게 전하는 영상을 만들 수 있어요.

'Vrew'에는 다양한 기능이 있어요.

↻ 자동 생성 도우미

→ 🎞 쇼츠: 넣고 자르기만 하는 완성되는 고퀄리티 숏폼 영상을 만들어요.

→ 📷 PDF를 영상으로: PDF 내용을 자막과 나레이션이 있는 영상을 제작해요.

→ 📄 원고를 자막으로: 대본을 자동으로 인식해서 영상 속 자막으로 생성해요.

⚙️ 가상 도우미

→ 🏃 캐릭터: 음성에 맞춰 움직이는 캐릭터를 만들어줘요.

→ 🎤 인공지능 목소리: 텍스트를 입력하면 음성으로 읽어줘요.

'Vrew'와 협업하면 편집, 자막 등 손쉽게 영상을 만들 수 있어요. 오늘은 자동 생성 도우미를 사용해서 가족에게 전하는 마음을 영상으로 제작해 봐요.

이번 단원에서 중점적으로 사용할 Vrew의 기능

1. 가족에게 전하는 글을 프롬프트에 작성하기
2. 비디오 스타일 정하기
3. 이미지, 비디오, 배경 음악 설정하기

텍스트로 비디오 만들기

어떤 비디오 스타일로 시작할까요?

인공지능 도구 'Vrew'와 함께 가족에게 마음을 전할 때,
다음과 같은 점을 생각해 봐요.

⚙️ 활동에 들어가기 전 꼭 읽어주세요!

Vrew 가입하기	구글 계정으로 가입이 가능하며 만 14세 미만의 경우 반드시 부모님의 동의를 받아야 해요. 동의를 하는 과정에서 부모님의 이름과 이메일 주소를 수집해요.
창의적 사고	생성형 인공지능이 내가 원하는 대로 영상을 생성해주지 않을 수도 있어요. 다양한 프롬프트를 작성하면서 내가 전하고 싶은 메시지가 잘 전달되는 영상을 만들어봐요.

활동하기 1 · 우리 가족에 대해 알아볼까요?

(1) 가족은 매일 함께 생활하기에 서로를 가장 잘 알 수도, 의외로 모를 수도 있어
    요. 가족에 대해 알아보는 가족 관찰 일지를 써 봅시다. 가족 관찰 일지를 써보
    면서 보다 더 자세하게 가족에 대해 생각해 볼 수 있을 거예요.

TIP

'브루(Vrew)'에 대
해 더 자세히 알고
싶다면 <이 책에서
활용하는 인공지능
툴 소개> 31쪽을
참고하세요!

⚙ 가족 관찰 일지

	가족 관찰 일지	
	대상	관찰 내용
가족 관찰 일지를 쓸 때는,	할머니	
• 상황		
• 말과 행동	아버지	
• 마음		
• 자신의 생각과 느낌처럼 구 체적으로 써야 해요.	어머니	

(2) 가족 관찰 일지를 쓰고 나서 가족에 대해 알게 된 점, 가족에 대한 자신의 생각
    과 느낌 등을 써 봅시다.

① ....

② ....

③ ....

(2) 가족에게 전하는 자신의 마음을 글로 써 봅시다.

....

....

....

....

....

....

....

 활동하기 2 · 브루(Vrew)로 가족에게 전하는 영상 제작하기

🔅 브루(Vrew) 인공지능으로 가족 영상을 만드는 방법 – 차례대로 따라해 보세요.

1. 'Vrew'에 접속하여 새로 만들기 선택하기

2. 텍스트로 비디오 만들기 선택하기

3. 화면 비율 정하기(가족
  영상 공유 시에 자신이
  주로 사용하는 SNS 화
  면 비율을 선택하기)
  • 유튜브
  • 쇼츠
  • 인스타그램
  • 정방형
  • 클래식

4. 비디오 스타일 선택하기

5. 영상 주제, [활동하기 2]
  에서 쓴 편지를 대본에
  넣기
6. 인공지능 목소리, 이미
  지, 비디오, 배경음악 선
  택하기

(1) 자신의 마음을 가족 영상으로 전하면서 어떠한 생각을 했나요?

....

....

(2) 가족 영상을 학급 공유 보드 혹은 SNS에 올리고 사람들과 함께 나누어 봐요.
사람들의 의견은 어떠했나요?

....

....

 생활 속 인공지능 이야기

세상 떠난 가족과 대화하는 AI 데드봇, 여러분은 이용할 건가요?

"엄마, 아빠, 안녕."

1년 전 사고로 세상을 떠난 부모를 그리워하는 16세 A양은 '데드봇 (Deadbot)' 서비스에 가입했어요. 매일 부모와 대화할 수 있기 때문이죠. 데드봇은 고인(故人·세상을 떠난 사람)이 생전에 남긴 문자나 음성을 바탕으로 대화하도록 만들어진 인공지능(AI) 챗봇 기술이에요. 실제 살아있는 사람과 이야기하듯 생생하죠. A양처럼 주로 가족을 먼저 떠나보낸 사람들이 그리움을 달래기 위해 사용되는데요. 서비스가 도리어 정신적 피해를 줄 수 있다는 우려의 목소리도 나오고 있어요.

영국 케임브리지대 연구진은 데드봇 서비스가 상업적으로 이용되거나 청소년을 중심으로 자주 사용되면 정신적 피해를 줄 수 있다는 연구 결과를 내놨어요. 예컨대, 부모를 잃은 청소년이 데드봇을 오랜 기간 사용하면 오히려 세상을 떠난 부모를 과도하게 떠올리게 해 정상적인 애도를 방해할 수 있다는 거예요. 연구진은 "뇌는 죽음을 받아들였지만, 눈과 귀는 죽음을 받아들이지 못해 혼란을 일으킬 수 있다"고 밝혔어요. 또한 세상을 떠난 사람을 이른바

'온라인'으로밖에 접할 수 없다는 생각으로 이어지면서 죽음에 대한 상실감과 죄책감을 불러일으킬 수 있다고 분석했어요. 세상을 떠난 사람이 그립겠지만, 건강한 방법으로 그 사람을 떠나보내는 것도 중요하다는 사실을 명심합시다.

출처: 어린이조선일보
(https://kid.chosun.com/site/data/html_dir/2024/05/27/2024052702055.html)

생각 열기

1 〈우리 집 집사, 인공지능!〉을 읽고 물음에 답해 봅시다.

우리 집 집사, 인공지능!

선생님: 여러분, 인공지능 기술이 집과 만났을 때 어떠한가요?

지 수: 냉장고에 있는 음식을 보고 음식을 보관하거나 요리법을 알려줘요.

민 성: 로봇 청소기가 집을 청소해줘요.

동 석: 집에 도착하기 전에 보일러를 켤 수 있어요.

선생님: 네. 앞으로 집에서도 인공지능 기술 역할이 커질 거예요. 이러한 인공
지능 기술 발달 속에서 여러분은 가족과 어떤 집에서 살고 싶나요?

지 율: 반려동물처럼 인공지능 로봇이 함께하고 가족들 각자가 방이 있는
큰 집에서 살고 싶어요.

소 연: 집에 큰 정원이 있고, 인공지능 기술이 집을 안전하게 보호해주는
집이요.

선생님: 그러면 여러분이 가족과 살고 싶은 집을 꾸며 봅시다.

---

(1) 학생들은 인공지능 기술로 집이 어떻게 변화하고 있다고 생각하나요?

....

....

....

(2) 인공지능 기술로 집이 달라지고 있는데 학생들은 가족과 어떤 집에서 살고 싶어 하나요?

....

....

....

(3) 여러분은 가족과 어떤 집에서 살고 싶나요?

....

....

....

오늘의 인공지능 도구

TIP

'투닝(Tooning)'에 대해 더 자세히 알고 싶다면 <이 책에서 활용하는 인공지능 툴 소개> 28쪽을 참고하세요!

인공지능 도구 '투닝'으로 집을 디자인해 봐요.

🔘 생성형 인공지능 '투닝'

투닝(Tooning)은 디지털 콘텐츠 창작을 경험할 수 있는 SaaS 기반의 생성형 인공지능 도구에요. 누구나 쉽게 작가가 되어서 자신의 생각과 스토리를 콘텐츠화할 수 있어요. 가족과 함께 살고 싶은 집을 투닝으로 디자인 할 수 있어요.

'투닝'에는 다양한 서비스가 있어요.

👤 투닝 에디터: 자신의 콘텐츠를 인공지능으로 쉽게 제작할 수 있어요.

💬 투닝 GPT: 다양한 교과의 챗봇 선생님들과 공부할 수 있어요.

🖌️ 투닝 매직 인공지능: 단어 몇 가지만 입력하면 이미지가 생성되어요.

🔗 투닝 보드: 투닝 에디터에서 완성한 나만의 콘텐츠를 공유할 수 있어요.

 '투닝'과 협업하면 캐릭터, 배경, 다양한 요소, 효과 등 손쉽게 콘텐츠를 만들 수 있어요. 오늘은 투닝 에디터, 투닝 GPT를 사용해서 가족과 함께 살고 싶은 집을 제작해 봐요.

※ 이번 단원에서 중점적으로 사용할 투닝의 기능

1. 다양한 요소. 사진 등으로 집 디자인하기
2. 캐릭터, 말풍선, 효과 등 필요한 부분 정하기

1. 건축가 챗봇 검색하기
2. 건축가에게 인공지능 기술이 적용된 집에 대한 생각을 물어보기

> 인공지능 도구 '투닝'과 함께 가족과 함께 살고 싶은 집을 만들 때,
> 다음과 같은 점을 생각해 봐요.

⚙ 활동에 들어가기 전 꼭 읽어주세요!

투닝 가입하기	구글 계정으로 가입이 가능하며 만 14세 미만의 경우 부모님의 동의를 받아야 해요. 만 14세의 서비스 이용 시 법정대리인 또는 보호자가 약관 및 개인정보방침, 저작권 정책 등 유관 약관에 대하여 모두 동의한 것으로 간주해요.
투닝 사용하기	선생님들은 교육용 투닝으로 평생 무료로 사용 가능해요. 학생들은 무료로 혹은 학교 단체 가입을 하면 돼요. 단, 캐릭터 개수, 이미지 개수, 저장 개수 제한이 있어요.
융·복합적 사고	인공지능 기술이 집을 어떻게 편리하게 만들지에 대해서 투닝GPT를 활용해서 탐색해요. 이를 바탕으로 투닝에디터로 가족과 함께 살고 싶은 집에 대한 자신의 아이디어를 표현해요.

 활동하기 1 · 인공지능과 협업하여 우리 집 디자인하기

1️⃣ 인공지능 기술이 집을 안전하고 살기 좋은 곳이 되도록 변화시키고 있어요. 인공지능과 만난 앞으로 집의 모습은 어떨까요? 투닝GPT 건축가 선생님에게 물어봅시다.

⚙ 투닝GPT(건축가 선생님)

질문	답변
(건축가 선생님에게 물어볼 때는 1) 역할, 2) 상황, 3) 궁금한 점 등을 구체적으로 써야 해요)	
Q.	A:

Q.	A:
Q.	A:

2 가족과 함께 살고 싶은 집을 스케치해 봅시다.

인공지능 스마트홈 스케치

 활동하기 2 · 투닝으로 인공지능 스마트홈 만들기

투닝으로 가족과 살고 싶은 집 디자인 방법 - 차례대로 따라해 보세요.

1. '투닝(투닝GPT)'에 접속하여
   인공지능 스마트홈에 관해
   궁금한 점 알아보기

2. '투닝에디터'에서 집 디자
   인하기
   - 캐릭터
   - 텍스트/말풍선
   - 요소
   - 효과
   - 배경/사진

3. '투닝보드'에 자신이 디자
   인한 집 공유하기

 활동하기 3 · 나만의 인공지능 스마트홈 알리기

① 인공지능으로 스마트한 우리 집을 디자인해 본 소감은 어떤가요?

....

....

② 투닝 보드에 자신이 디자인한 집을 공유해 봅시다. 친구들의 집을 살펴보면서 댓글로 느낀 점을 써 봅시다.

....

....

떡볶이 먹는 유관순, 도시락 싸는 윤봉길… 가짜인데 왜 호감 갈까

딥페이크, 가짜 뉴스 등 인공지능(AI) 기술을 활용한 문제가 끊이지 않자 여러 나라에서는 인공지능을 규제하는 데 박차를 가하고 있어요. 그런데 최근 인공지능 기술로 주변을 훈훈하게 한 사례가 등장했어요. 국내 한 온라인 커뮤니티에 '인공지능아 고마워'라는 제목의 글과 사진이 올라와 많은 누리꾼의 공감을 샀어요. 어떻게 된 일일까요?

글쓴이는 '고맙고 감사합니다. 잊지 않고 살아가겠습니다'라는 글과 함께 한 인스타그램 계정에 올라온 사진 여러 장을 올렸어요. '대한민국 영웅들이 맞이하는 평범한 일상'이라는 게시물 사진엔 1919년 3·1 만세운동을 이끌다 순국(殉國·나라를 위해 목숨을 바침)한 유관순 열사(烈士·맨몸으로 나라를 위해 목숨을 바쳐 싸운 사람)와 안중근 의사(義士·나라를 위해 무력을 사용하면서 목숨을 바쳐 싸운 사람), 윤봉길 의사가 있었어요. 안중근 의사는 1909년 하얼빈역에서 일본 이토 히로부미를 저격해 대한민국의 독립을 알린 인물이에요. 윤봉길 의사는 1932년 4월 29일 일왕(日王)의 생일 당일 기념식에서 폭탄을 던져 일본 주요 인사를 크게 물리쳤죠.

유관순 열사는 여느 평범한 학생과 다름없는 모습으로 친구들과 분식집에서 떡볶이를 먹으며 활짝 웃고 있었고, 안중근 의사는 평범한 직장인 차림으로 퇴근 후 동료들과 어울리는 모습이었어요. 마지막으로는 윤봉길 의사 역시 자녀들이 있는 집에서 도시락을 싸고 있는 평범한 아버지의 모습으로 표현됐죠. 사진을 본 누리꾼은 '가슴이 뭉클해진다'는 반응을 보였어요. 또한 '인공지능 기술이 없었다면 이분들의 평범한 일상을 못 봤을 것'이라며 인공지능이 구현했다는 점에서 인공지능 사용의 좋은 예시라는 평도 잇따랐답니다. 인공지능 기술이 잊힌 독립운동가들의 모습을 다시 한 번 조명

(照明)함으로써 우리나라 역사의 영웅에 대해 다시 한번 떠올릴 수 있는 계기가 마련된 겁니다.

출처: 어린이 조선일보

(http://kid.chosun.com/site/data/html_dir/2024/06/27/2024062702608.html)

MEMO

PART

02

너와 우리

인공지능과 함께 친구 사귀기

친구는 소중한 존재입니다. 초등학교 시절 친구는 성격 형성과 사회성 습득에 큰 영향을 끼쳐요. 또래 문화를 함께 즐기고 일상생활에서 발생하는 고민이나 어려움을 친구와 함께 나눌 수 있어 친구 관계는 정서 발달에 긍정적인 영향을 미칠 수 있습니다. 다만 친구 관계의 어려움이나 다양한 갈등이 생길 수 있으므로 해결 방법을 탐색하여 잘 대처하는 것도 중요합니다. 단원의 차례를 살펴보면서 어떤 내용일지 예상해 봅시다.

주제 1
내 친구 소개하기 – 캔바(Canva)

주제 2
또래 고민 해결사 – 매직스쿨(MAGIC SCHOOL AI)

주제 3
요리 영상 만들기로 인싸되기 – 캡컷(CapCut), 키네마스터(Kinemaster), 브루(Vrew), 캔바(Canva)

생각 열기

☐ 시우의 마음을 생각하며 다음 글을 읽어 봅시다.

시우의 개학날

2025년 6학년 6반이 된 시우, 3월 첫 등교일이다. 아침부터 엄마는 시우가 좋아하는 소고기 미역국과 프랑크소시지 반찬을 해주셨다. 그런데 웬일인지 시우는 먹고 싶은 마음이 들지 않았다. 배가 부른 것도 아닌데 뭔가 배 주위와 가슴 등이 꽉 차 있는 듯이 답답했다. 더 먹으라는 엄마의 잔소리를 뒤로 한 채 얼른 책가방을 들고 시우는 밖으로 나왔다. 8시 30분에 윤재와 놀이터에서 만나 학교에 함께 걸어가기로 했기 때문이다. 약속 시간까지 아직 5분이나 남았는데 윤재도 이미 나와 있었다. 윤재와 시우는 단짝 친구이다. 윤재는 시우가 눈빛만 보내도 무엇을 하고 싶어 하는지 알고 있다. 운동장에 가자고 말하면 으레 축구하러 가자는 뜻으로 이해했고, 학원 갈 시간이 다 되어서 인상을 찌푸리고 엄마와 전화를 하고 있으면 학원 가기 싫다는 마음이라는 것도 알았다. 짜증이 나다가도 윤재만 보면 웃음이 났다. 윤재는 시우가 이유 없이 골을 내는 순간에도 조용히 옆에 있어주는 멋진 친구였다. 4학년에 이어 5학년 때 윤재와 시우는 한 반이 되어 너무 기뻤었다. 그런데, 6학년이 되어 윤재는 2반, 시우는 6반이 되었다.

1교시가 시작되자 담임선생님이 프레젠테이션으로 선생님 소개를 하셨다. 선생님은 참 멋진 사람 같아 보이셨다. 같은 반 친구들도 일어서서 간단하게 자신을 소개했다. 성격이 윤재와 비슷해 보이는 친구도 있었고 윤재에게는 미안하지만 친해지고 싶은 친구도 있었다.

선생님께서 다음 시간에는 5학년 때 제일 친했던 친구에 대해 소개하는 시간을 갖는다고 하셨다. 친구에 대해 소개하면서 서로 어떤 친구와 친구가 되고 싶은지 이해할 수 있다고 했다. 나를 소개하는 것도 아니고 이제는 다른 반이 된 친구를 소개한다니, 참 이상하다는 생각이 들었다. 하지만 윤재를 멋지게 소개하는 것은 우리의 우정을 지키는 일이라고 생각했다. 그리고 솔직히 말하자면, 친구들에게 멋진 인상을 남기고 싶은 마음도 있었다.

2 「시우의 개학날」을 읽고 물음에 답해 봅시다.

(1) ❶에서 시우는 왜 답답한 마음이 들었을까요?

(2) 답답한 마음이 든 시우에게 어떻게 말하면 좋을지 생각해 봅시다.

(3) 시우가 해결해야 할 문제는 무엇인가요?

오늘의 인공지능 도구

인공지능 도구 캔바와 함께 문제를 해결해 봅시다.

◉ 인공지능 마법으로 멋진 디자인 만들기_Canva

Canva의 기능 중 인공지능 기능을 활용하여 프레젠테이션을 만드는 방법은 다음과 같습니다.

Canva로 프레젠테이션 만드는 방법

1. Canva에 로그인 후 프레젠테이션을 검색합니다.

2. 템플릿을 검색한 후 모든 페이지에 적용합니다(빈 페이지로 작업해도
되지만, 좀 더 쉽게 멋진 프레젠테이션을 만들 수 있습니다).

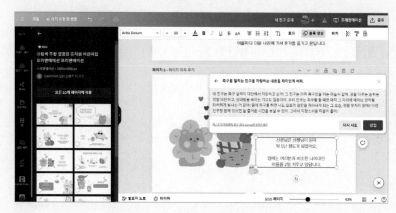

3. 요소와 텍스트를 삽입해 원하는 디자인을 만들면서, 인공지능 기능인
매직 라이트(Magic Write)를 활용합니다.

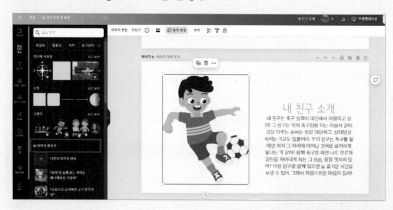

4. 인공지능 이미지 생성도 가능합니다.

5. 요소와 업로드 등을 통해 멋진 디자인이 완성되면 선생님께 보내거나
공유를 선택해 다운로드합니다.

Canva를 사용할 때, 다음과 같은 점을 주의해요.	
Canva 가입하기	만 14세 이상이거나 학교(선생님)의 요청을 받은 경우 가입이 가능해요.
저작권 보호	Canva에서 제공되는 이미지, 동영상 등의 요소 외에 업로드해서 사용할 경우 저작권에 위반되지 않도록 주의를 기울여야 해요.
초상권 보호	완성된 작품을 SNS에 공유할 때, 초상권에 유의해야 해요.

Canva를 어떻게 활용하면 좋을지 생각해 봐요.

활동하기 1 · 생각그물로 생각 넓히기

1 친구를 소개하기 위해서는 어떤 내용이 들어가야 할까요? 선생님이 공유한 과제 보드에 생각한 내용을 작성해 봅시다.

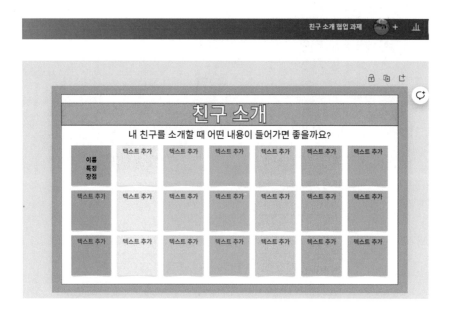

2 내 친구 소개하기 프레젠테이션에 어떤 내용이 들어가면 좋을지 생각해 봅시다.

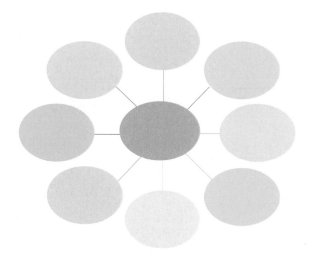

활동하기 2 · 내 친구를 소개하는 프레젠테이션 발표하기

1 내 친구를 소개하는 프레젠테이션을 만들고 완성한 작품을 친구들 앞에서 발표해 봅시다.

2 친구의 발표를 듣고 나는 어떤 친구가 되고 싶은지 써 봅시다.

활동하기 3 · 친해지고 싶은 친구에게 편지 쓰기

1 친구의 발표를 듣고 친해지고 싶은 친구가 있었나요?

　(1) 친구 이름:

　(2) 이유:

2 친해지고 싶은 친구가 있다면 Canva로 디자인한 편지지를 사용해 친구에게 편지를 써 봅시다.

 생활 속 인공지능 이야기

인공지능에게 뺏길 직업보다 새로운 직업에 눈을 돌리세요.

할리우드 배우들이 인공지능 때문에 파업했다는 뉴스가 있었어요. 이처럼 최근 인공지능에게 뺏길 직업에 대한 우려가 많아요. 인공지능은 그림도 잘 그려주고 노래도 작곡합니다. 캔바가 만들어주는 디자인을 보면 웹디자이너라는 직업도 위태로울 수 있어요. 그런데 역사적으로 보면 비약적인 기술의 발전에 따라 사라지는 직업이 생기지만, 새로운 직업도 창출됩니다. 예를 들어, 인공지능 프롬프트 엔지니어라는 직업이 새롭게 각광받고 있기도 합니다. 따라서 지나친 걱정을 하기보다는 새롭게 생기는 직업에서 필요한 역량을 기르기 위해 노력하면서 다가올 미래를 함께 준비해요. 〈중략〉

출처: 보안뉴스(https://www.boannews.com/media/view.asp?idx=123489&kind=)

주제 2 또래 고민 해결사

 생각 열기

1 시우의 마음을 짐작하며 「또래 고민 해결사」를 읽어 봅시다.

또래 고민 해결사

1

"너 T야?"

한 친구가 시우에게 물었다. 그리고 여자아이들 몇몇이 깔깔댔다. 시우가 요즘 제일 듣기 싫은 소리였다. MBTI 따위에는 관심도 없었는데 자꾸 T냐는 친구들의 말에 얼마 전에 MBTI 검사를 했다. 그런데 진짜 T가 나왔다. 이제 아니라고 대꾸도 못한다. 시우와 다르게 기현에게는 친구들이 그런 소리를 하지 않는다. 시우가 보기에도 기현이는 친구들의 고민을 잘 들어주고 공감도 잘해준다. 그래서일까? 기현이는 여자친구도 있다. 며칠만 있으면 50일이 된다면서 선물 준비에 여념이 없었다. 기현이가 여자친구가 있다는 것이 부럽지는 않다. 시우는 제발 T냐는 소리만은 듣고 싶지 않았다. T냐는 소리를 들을 때 친구들 앞에서는 쿨한 표정을 짓고 있지만, 못된 사람 취급받는 것 같아 기분이 좋지 않았다.

2

시우는 친구들에게 인기를 얻고 싶었다. 도움이 될까 해서 기현이와 함께 또래 상담자 역할도 신청했다. 그런데 함께 또래 상담자 역할을 하는 기현이는 날이 갈수록 인기가 높아지고 있는데 시우는 변화가 없는 것 같아 속상하다. 시우가 또래 고민 해결사로 거듭나서 기현이처럼 친구들의 인정을 받을 수 있는 방법이 있을까?

2 「또래 고민 해결사」를 읽고 물음에 답해 봅시다.

(1) 시우는 왜 속상한 마음이 들었을까요?

....

(2) 시우가 해결해야 할 문제는 무엇인가요?

....

....

(3) 시우의 문제를 해결할 방법을 써 봅시다.

....

....

 오늘의 인공지능 도구

인공지능 도구 매직스쿨과 함께 문제를 해결해 봐요.

◎ 학교 생활에서 궁금한 점이 있다면_매직스쿨

대부분 생성형 인공지능은 사용 나이에 제한이 있어요. 초등학생이 사용하기에는 부적합하기 때문입니다. 이에 비해 매직스쿨은 선생님의 초대해 의해 학생들이 이용할 수 있는 교육 플랫폼입니다. 매직스쿨은 선생님을 위한 다양한 맞춤형 챗봇을 제공할 뿐만 아니라 학생들이 직접 활용할 수 있는 챗봇도 있어 선생님의 관리하에 안전하게 이용할 수 있어요.

매직스쿨 학생실 만들기

1. 매직스쿨 회원가입 후 학생실을 만듭니다.

2. 학생실 세부 사항을 입력합니다.

3. 학생들에게 배포할 도구를 선택합니다.

4. 학생들에게 링크를 전달합니다.

매직스쿨을 사용할 때, 다음과 같은 점을 주의해요.	
예의 갖추기	인공지능과 대화할 때도 예의를 갖추어 대화해야 해요.
거짓 정보 주의	인공지능이 대답이 항상 옳지는 않아요. 꼭 다시 확인해 보세요.
개인정보 보호	인공지능에게 이름을 말하지 않는 것이 좋아요. 개인정보는 항상 안전하게 지켜야 해요.

매직스쿨을 어떻게 활용하면 좋을지 생각해 봐요.

활동하기 1 · 인공지능은 나의 고민에 어떤 해답을 줄까?

1 프롬프트를 어떻게 입력해야 할까요?

(예시 프롬프트)

MAGIC SCHOOL

환영합니다, ▩▩▩
Student Room · 2024년 6월 8일

🪄 마법 도구
📁 출력 기록

↻ 입력 지우기   ★ 표본

학생을 위한 Raina

학생을 위한 AI 챗봇인 Raina를 통해 질문하거나 아이디어를 얻으세요.

안녕하세요! 저는 AI 교육 보조 챗봇인 Raina입니다. 학교 공부, 시간 관리, 사회적 기술, 아이디어 및 학교 공부에 도움이 될 수 있다고 상상할 수 있는 모든 것에 대해 물어볼 수 있습니다. 질문이 구체적일수록 더 잘 도와드릴 수 있습니다. 오늘 어떻게 도와드릴까요?

Raina와 대화 시작:

> 🎤 안녕하세요, 저는 대한민국의 초등학교 6학년 학생이에요. 친구들과의 관계에 대해 고민이 있어요. 친구들 말을 잘 공감해 주지 못해 친구들에게 별 인기가 없는 것 같아요. 제가 좀 더 잘 친구 말을 들어줄 수 있을까요?

창조하다

(레이나 답변)

MAGIC SCHOOL

환영합니다, ▩▩▩
Student Room · 2024년 6월 8일

🪄 마법 도구
📁 출력 기록

학생을 위한 Raina   ✏️ 프롬프트 편집 ∨

안녕하세요, 친구들과의 관계 고민이 있는 것 같아 보이네요. 괜찮아요, 이런 고민을 하는 것은 매우 정상적인 일이죠. 6학년 나이에는 친구들과의 관계가 아주 중요하고 힘든 부분이 많이 있어요.

친구들의 말을 잘 공감해주는 법:

1. **경청하기:** 친구들이 말할 때는 그들의 말에 집중하고 이해하려고 노력해 보세요. 눈을 마주치며 몸을 향하고 고개를 끄덕이며 귀 기울여 들어주는 것이 도움될 거예요.
2. **질문하기:** 친구들이 말할 때 궁금한 점이 생기면 질문을 해보세요. 이렇게 하면 친구들이 자신의 마음을 더 잘 표현할 수 있게 해줄 수 있어요.
3. **공감하기:** 친구들의 감정을 이해하고 공감해주세요. "그렇구나, 네가 그렇게 느끼는구나." 같은 말로 그들의 감정을 인정해주면 좋습니다.
4. **지지해주기:** 친구들의 고민을 듣고 응원해주세요. "괜찮아, 네가 잘해낼 수 있을 거야." 등의 말로 격려해주세요.

이렇게 친구들의 말을 잘 들어주고 공감해주면 친구들도 나를 이해하고 받아들일 거예요. 서서히 친구들과의 관계도 좋아질 거라고 생각합니다. 용기내서 연습해보세요!

📋 복사   🔊 소리내어 읽기

[친구에게 '너 어떻게 지내?' 라고 물어보기]   [친구의 이야기를 듣고 '그렇구나, 그게 어떻게 느껴지는 거니?' 라고 더 질문해보기]

⊕ 작업   📎 메시지 보내기   🎤 ➤

해당 콘텐츠의 정확성과 편향성을 검토합니다. 작업을 다시 확인하고 학교 기술 정책을 따르십시오.

2 친구가 "오늘은 학원에 가기 싫어."라고 말할 경우, 친구의 마음에 공감하기 위해서는 어떤 말을 해야 할까요?

내가 생각하는 좋은 답변	
예상되는 레이나의 답변	
실제 레이나의 답변	

※ 잠깐! 매직스쿨은 아직 한국어에 특화되지 않았어요. 약간 부자연스러운 면이 있어요. 번역기의 도움을 받아도 좋아요!

TIP

'DeepL', '파파고', '구글번역기'에 대해 더 자세히 알고 싶다면 PART 03의 CHAPTER 02 내용을 참고하세요!

 활동하기 2 · 친구의 고민! 함께 고민해요.

1 친구의 고민을 들어줘요.

모둠끼리 둘러앉아 젠가 게임(의자 게임, 해적 룰렛 등으로 대체 가능)을 하면서 자신의 고민을 이야기해 봅시다.

2 친구의 고민을 함께 해결해요. 친구가 불편함을 느낀다면 이름은 쓰지 않아도 돼요.

친구 이름	고민	나의 대답	실제 레이나의 대답

활동하기 3 · 인공지능과 나의 대답은 왜 다를까?

1 나의 대답과 레이나의 대답이 다른 까닭은 무엇일까요?

_____

_____

_____

_____

2 친구와 공감적인 대화를 하기 위해 어떤 노력을 해야 할까요?

_____

_____

_____

_____

 생활 속 인공지능 이야기

인공지능 답변은 왜 항상 다를까?

인공지능의 답변이 그때그때 다른 이유는 여러 가지가 있어요. 주요 이유 중 하나는 생성형 인공지능은 확률적 모델이기 때문입니다. 확률적 모델이란 프롬프트를 동일하게 입력해도 여러 가지를 출력할 수 있어요. 학습된 데이터를 바탕으로 다양한 가능성을 탐색하기 때문이죠. 예를 들어, 동일한 문장에서 다음 단어를 예측할 때, 모델은 여러 가능한 단어들 중 하나를 선택할 수 있어요. 예를 들어, 인공지능에게 오늘 급식 입력을 넣으면 오늘 급식 뭐야?로 답할 수도 있지만, 오늘 급식 맛있어로도 출력할 수 있다는 뜻입니다. 이외에 다양한 이유로도 답변이 달라서 동일한 생성형 인공지능에게 동일한 프롬프트를 입력해도 항상 같은 답이 나오는 것이 아니랍니다.

출처: Generative 인공지능 FAQs May 2023

생각 열기

1 시우의 마음을 짐작하며 「내가 마라탕 고수」를 읽어 봅시다.

내가 마라탕 고수

며칠 전 급식에 마라탕이 나왔다. 마라탕이 나오기 며칠 전부터 친구들은 쉬는 시간이면 급식 식단표 주위에서 이러쿵저러쿵 말들이 많았다. 시우도 이러쿵저러쿵 대열에 끼어서 청경채, 두부, 소고기, 고수까지 마라탕 안에 들어가는 재료에 대해 친구들과 떠들어댔다. 빨리 마라탕이 나오는 날이 얼른 왔으면 좋겠다고 생각지만 다른 친구들처럼 그냥 마라탕이 먹고 싶어서만은 아니다. 사실 시우는 요리하기를 좋아한다. 지금은 축구가 너무 좋아 축구선수로 꿈이 바뀌었지만, 4학년 때까지만 해도 시우의 꿈은 요리사였다. 시우가 해주는 스페셜 달걀프라이, 김치 라면은 동생 시현이의 최애 음식이었다. 시우의 요리는 너튜브 영상의 힘까지 더해져 얼마 전에는 탕후루 그리고 마라탕까지 도전했다. 시우의 요리에 가족 모두 식당에서 먹는 것보다 더 맛있다고 입에 침이 마르도록 칭찬을 했던 적이 있었다. 요리에 대한 시우의 자부심은 실로 대단했다.

마라탕이 나오던 날! 시우의 기대는 실망으로 바뀌었다. 일단 허연 국물이 식욕을 자극하지 않았고, 청경채도 거의 눈에 띄질 않았다. 급식을 먹고 나서 학급 친구들도 마라탕에 대한 논평이 이어졌다.

"진짜 별로야."

"괜히 기대했네. 토요일에 엄마한테 마라탕 시켜먹자고 해야지."

몇몇이 떠드는 사이에 시우도 끼어들었다.

"내가 만들어도 저것보다 맛있겠네."

"야, 김시우! 너가 마라탕을 만든다고?"

기분 나쁜 말을 툭 던지고 다들 떠들면서 축구왕 기현이를 따라 다들 운동장으로 향했다.

속상한 마음에 교실에 들어와 선생님께 괜히 한마디 했다.

"선생님, 저 마라탕 잘 만들어요."

"그렇구나."

선생님 반응도 뜨뜻미지근했다.

②

시우는 학교 급식에 나온 마라탕보다 마라탕을 더 잘 만들 수 있다. 가족 모두 인정한 솜씨이다. 마음 같아서는 친구들과 선생님을 초대해서 마라탕을 만들어 함께 먹고 싶었다. 요리실력도 뽐내고 시우도 기현이처럼 인싸가 될 수 있을 것만 같았다. 그런데 집에 초대하는 건 사실 여러 가지로 불가능하다. 어떻게 하면 마라탕을 전문가처럼 만든다는 것을 친구들에게 증명해 보일 수 있을까? 시우는 마라탕으로 인싸가 되고 싶다.

2 「내가 마라탕 고수」를 읽고 물음에 답해 봅시다.

(1) 친구들의 반응에 시우는 어떤 마음이 들었을까요?

....

(2) 시우와 비슷한 경험을 한 적이 있었나요?

....

....

....

(3) 요리로 인싸가 되고 싶다는 시우는 어떻게 문제를 해결할 수 있을까요?

....

....

....

 오늘의 인공지능 도구

영상을 편집할 수 있는 인공지능 도구들을 사용해 문제를 해결해 봐요.

영상 편집에는 다양한 도구들이 있어요. 학생들이 쉽게 이용할 수 있는 캡컷(CapCut), 키네마스터(Kinemaster) 및 교육용으로 사용할 수 있는 캔바(Canva)에서도 영상을 만들 수 있고요. 글자만 입력하면 영상이 뚝딱 생성되는 브루(Vrew)도 있어요. 영상 편집 프로그램의 특징을 잘 살펴 용도에 맞게 활용하세요.

⚙ 10대들의 영상 편집기_캡컷(CapCut)

캡컷은 10대 연령층 사이에서 유행하여 다운로드 횟수가 10억 회 이상으로 사용을 많이 하는 중국에서 만든 편집기입니다. 무료 버전에도 워터마크가 없는 것이 특징입니다. 다양한 인공지능 기능도 업그레이드되고 있습니다.

※ PC 버전도 있어 편리합니다.

영상 편집 방법
1. 새 프로젝트 클릭
2. 원하는 미디어 선택
3. 편집 및 텍스트로 자막 넣기
4. 내보내기

영상 편집이 익숙하지 않다면_키네마스터(Kinemaster)

한국에서 개발한 영상 편집기로 국내뿐만 아니라 외국에서도 많이 쓰이고 있습니다. 무료의 경우 영상 결과물에 워터마크가 있습니다. 에셋 스토어에서 다양한 음악, 요소를 다운로드해서 멋진 영상을 만들어 봅시다.

영상 편집 방법

1. 새로 만들기
2. 동영상 불러오기
3. 트림/분할 및 편집하기
4. 동영상으로 저장

텍스트를 입력하면 비디오 뚝딱!_브루(Vrew)

브루는 컴퓨터 화면에서 사용하기에 편리한 인공지능 편집기입니다. 자동으로 음성을 인식하여 자막을 생성하는 것으로 유명합니다. 글(텍스트)을 영상으로 생성해주는 우수한 인공지능 기능을 탑재하고 있습니다.

영상 편집 방법

1. 새로 만들기
2. 편집하기
3. 내보내기

☀ 영상 만들기 숙제는?_캔바(Canva)

캔바의 영상 편집 만들기 기능도 편리합니다. 영상 만들기 숙제가 있다면 캔바를 추천합니다.

영상 편집 방법
1. 동영상 빈 디자인 만들기
2. 동영상 편집
3. 공유(다운로드)하기

영상 편집 도구를 사용할 때, 다음과 같은 점을 주의해요.	
가입 연령	캡컷(CapCut), 키네마스터(Kinemaster)는 다운로드 후 바로 사용 가능해요. 일부 기능들은 회원가입이 필요하고 연령 제한이 있으니 확인하세요. 브루(Vrew)의 경우 만 14세 이상 회원가입이 되니 사용해야 할 경우 부모님이나 선생님께 상의해요.
저작권 보호	영상 프로그램을 사용할 때, 자막을 넣기도 하는데요. 폰트 저작권에 주의해야 해요. 글꼴이라고도 하는 폰트는 사용조건이 있어요. 무료 폰트라 하더라도 상업적으로 이용이 되지 않을 때가 있으니 잘 확인하고 사용해야 해요.

시우의 문제를 해결하기 위해서 어떤 영상 편집기를 사용하면 좋을까요?

영상 편집기: ....

이유: ....

활동하기 1 · 절차에 맞게 요리하기

○ 만들고 싶은 요리의 조리 순서를 써 봅시다.

만들고 싶은 요리	
재료	
필요한 도구	
조리 순서	

활동하기 2 · 요리 영상 만들기

1 조리 순서에 맞게 요리를 하면서 영상을 만들어 봅시다. 영상을 찍기 전에 준비해야 할 촬영 도구에는 어떤 것들이 있을까요?

(예) 스마트폰 또는 카메라 등 ....

....

....

2 영상을 편집해 봅시다.

3 영상을 편집하면서 느낀 점을 써 봅시다.

....

....

※ 잠깐! 칼과 불을 사용하는 요리의 경우 안전에 유의해야 해요. 요리 전 과정에서 보호자가 있어야 하고, 불을 사용해야 할 경우는 특히 어른과 함께 해야 해요!

활동하기 3 · 영상 공유하기

1 친구들에게 영상을 공유하려고 합니다. 어떤 플랫폼에 영상을 공유할까요?

영상 공유 플랫폼	
왜 해당 플랫폼을 선택했나요?	

2 영상을 공유하고 친구들의 영상을 본 생각이나 느낌을 써 봅시다.

친구 이름	요리 내용	생각이나 느낌

생활 속 인공지능 이야기

인공지능과 영상 어디까지 왔나요?

　　ChatGPT를 많이 들어봤을 거예요. ChatGPT는 많은 사람들이 인공지능에 관심을 갖게 만든 서비스입니다. ChatGPT를 출시하고 매우 빠르게 사용자를 확보했는데요. 인스타보다도 빨랐어요.

　　ChatGPT를 만든 회사는 미국에 있는 OpenAI사입니다. 2024년 2월 15일 텍스트(글)를 동영상으로 구현하는 인공지능 소라(Sora)를 공개했어요. 그런데 데모 영상의 사람과 동물이 너무 진짜 같아서 사람들이 깜짝 놀랐답니다.

출처: 영상 제작 인공지능 모델 소라(Sora)가 생성한 데모 영상 캡처(source=openAI)

MEMO

CHAPTER 02

인공지능과 함께 만들어가는 우리 반

이 주제에서는 인공지능(AI)과 함께 나, 너와의 관계에서 더 나아가 우리 반에 대해 고민해 봅시다. 친구들과 행복한 학교생활을 하기 위해 학급 공동의 가치를 찾아보고 공동체 의식을 함양하는 것은 꼭 필요한 일이죠. 다양한 인공지능(AI) 도구의 도움을 받아 우리 반의 가치를 세우고 즐거운 학교 생활을 만들어 봅시다. 학급 친구들과 즐거운 학교생활을 할 수 있도록 함께 노력해 봅시다. 우리 반의 공동체 의식을 위한 1년을 만들기 위해 인공지능(AI)의 도움을 받을 수 있을까요?

주제 1
인공지능으로 만드는 우리 반 반가 - 수노 AI(Suno AI), 크롬 뮤직 랩 - 송메이커(Chrome music lab-song maker), 블롭 오페라(Blop opera)

주제 2
인공지능으로 우리 반 건국신화 만들기 - 뤼튼(wrtn)

주제 3
인공지능으로 우리 반 감정 사전 만들기 - AI 마음일기, MS 리플렉트(MS Reflect)

생각 열기

인공지능이 우리 반 친구들을 위한 노래를 만들어 준다고?!

1년 동안 같은 반이 된 친구들과 공동체 의식을 가지려면 우리 반 공통의 가치가 필요해요. 우리 반 공통의 가치를 담은 노래를 인공지능으로 만들어 볼까요? 생성형 인공지능의 사용 연령 제한에 따라 초등학생은 사용이 어려워요. 대신 선생님께서 만들어 주시는 노래를 함께 불러봐요.

설레는 새 학기 첫날! 친구들과 만났어요. 우리 반 공통의 가치를 가진 노래를 만들어 볼까요?

선생님: 친구들과 우리 반 공통의 가치를 세우고 우리 반 공통의 가치를 담은 우리 반 반가를 만들어 볼까요?

지민: 우리 반 공통의 가치를 협력으로 하면 좋겠습니다. 우리가 서로 돕고 협력해야 한다고 생각하기 때문이에요.

민형: 저도 지민이의 말에 동의합니다.

선생님: 여러분이 만든 가치를 단어나 문장으로 Suno AI에 작성해볼게요. 노래의 스타일은 어떻게 하면 좋겠나요?

우석: 밝고 활기차서 어린이들이 따라 부르기 쉬운 노래였으면 좋겠습니다.

인공지능을 사용하면 누구나 쉽게 노래를 만들 수 있어요. 하지만 주의해야 할 점이 있어요. Suno AI라는 생성형 인공지능의 사용 연령이 초등학생들에게는 제한되어 있어요. 선생님의 도움을 받아서 노래를 만들고 노래를 함께 불러볼까요?

유사 인공지능 도구인 'Udio', 'Bandlab', 'musia'를 사용하면 작곡이 가능해요.

인공지능을 활용한 작곡의 경험을 갖지 못해 아쉽다면 구글에서 제공하는 송메이커와 블롭 오페라를 이용하여 다양한 음악을 만들어봐요.

1 〈인공지능이 우리 반 친구들을 위한 노래를 만들어 준다고?!〉를 읽고 물음에 답해 봅시다.

(1) ❶에서 선생님과 지민이의 대화에서 알 수 있는 내용은 무엇인가요?

....

(2) 만약 나라면 음악을 만들어주는 인공지능에게 부탁하고 싶은 우리 반 가치는 무엇일까요?(질서, 협동과 같이 간단한 단어를 포함하여 문장을 써 봅시다)

....

....

 오늘의 인공지능 도구

생성형 인공지능 'Suno AI'와 함께 문제를 해결해 볼까요?

'Suno AI'는 간단한 단어만으로도 사용자가 원하는 노래를 만들어주는 생성형 인공지능이에요. Suno AI의 프롬프트에 우리 반 공동의 가치를 입력한다면 우리 반 친구들과 함께 부를 수 있는 반가를 완성할 수 있어요.

'Suno AI'를 사용하면 나도 작곡가가 될 수 있어요. 내가 우리 반 친구들을 위해 반가를 만든다면 어떤 가치를 담으면 좋을지 생각해봐요.

⚙ 이번 단원에서 중점적으로 사용할 Suno AI의 기능

1. 노래 설명으로 프롬프트 작성하기
2. 내가 강조하고 싶은 가사를 생
   각해보기

'Suno AI'를 활용할 때 다음과 같은 점을 주의해요.

⚙ 활동에 들어가기 전 꼭 읽어 보세요!

Suno AI 가입하기	구글 계정으로 가입이 가능하며 만 14세 미만의 경우 반드시 부모님의 동의를 받아야 해요. 부모님과 함께 구글 계정을 만들어 휴대폰 인증을 통해 Suno AI에 가입해 보아요.
무료 credit	Suno AI는 회원 가입만 하면 무료로 작곡을 할 수 있어요. 하루에 50credits가 제공되어 10곡을 만들 수 있어요. 혹시 무료로 제공되는 credits를 다 써버린다면 작곡이 어려워서 다른 ID로 다시 가입해야 해요.
비판적 사고	생성형 인공지능이 내가 원하는 대로 노래를 만들어주지 않을 수도 있고, 나의 연령에 맞지 않는 노래 스타일을 추천해줄 수 있어요. 인공지능이 만들어주는 노래가 정답이 아니라는 사실을 이해하고 인공지능에게 올바른 프롬프트를 알려줍시다.

활동하기 1 · 우리 반 공동의 가치 찾고 노래 만들기

1 우리 반 공동의 가치를 찾아볼까요?

(1) 우리 반 가치를 정하려니 어떻게 우리 반 공동의 생각을 나타낼 수 있을지 고민이 될 수 있어요. 이럴 때는 아름다운 가치 사전이라는 책을 참고하는 것이 어떨까요? 아름다운 가치 사전은 우리가 일상생활에서 쉽게 경험할 수 있는 일들로 추상적인 개념을 설명한 책이에요. 친구들과 아름다운 가치 사전을 함께 읽어보면서 우리 반 공동의 가치를 찾아볼까요?

⚙ 아름다운 가치 사전

※ 해당 이미지는 생성형 AI를 활용하여 생성함

감사란?
• 친구가 나에게 색연필을 빌려주었을 때 느끼는 감정
• 엄마가 나를 위해 실내화를 빨아주셨을 때 느끼는 감정

(2) 우리가 1년 동안 우리 반 친구들과 생활하면서 우리 반 친구들이 꼭 지켜줬으면 하는 가치 3가지를 골라봅시다.

① ....

② ....

③ ....

(3) 친구들과 함께 가치를 모으고 가장 중요하다고 생각하는 가치에 투표해 봅시다 (패들렛 '좋아요' 기능을 이용할 수 있어요).

2 Suno AI를 활용해 우리 반 반가를 완성해 볼까요?

⚙ Suno AI를 활용해 우리 반 반가를 완성하기 - 차례대로 따라해 보세요.

1. 'Suno AI'에 접속하여 로그인 하기

2. Create 선택하기

우리 반 공동의 가치를 담은
노래 만들기(노래 설명에 가
치와 스타일을 적기)

(1) 우리 반 공동의 가치를 넣을 수 있는 가사의 내용을 생각해 봅시다.

....

....

(2) 내가 원하는 음악의 스타일을 생각해 봅시다.

....

....

(3) 인공지능에게 뭐라고 명령하면 좋을지 2~3문장으로 짧게 써 봅시다.
    (노래의 가사, 노래의 전반적인 분위기와 스타일 등)

....

....

활동하기 2 · 나도 작곡가가 되어 볼까요?

1 작곡의 경험해 보기(크롬 뮤직 랩 – 송메이커, 블롭 오페라)

⚙ 크롬 뮤직 랩 – 송메이커(https://musiclab.chromeexperiments.com/Song-Maker/)

- 음표를 추가 제거하려면 Enter 키와 Backspace 키를 눌러요.
- 재생하려면 백스페이스 바를 눌러 봅시다.
- 악기의 종류를 선택해 음악을 만들 수 있어요.
- 마이크를 설정하여 노래를 녹음할 수도 있답니다.

⚙ 구글 아트 앤 컬쳐 – 블롭 오페라(https://artsandculture.google.com/experiment/blob-opera/)

- 머신 러닝 실험
- 네 명의 오페라 가수와 협력하여 머신러닝 모델에 노래하는 방법을 학습시켰어요.
- 블롭을 위아래로 드래그하면 음정을 변경할 수 있어요.
- 블롭을 앞뒤로 드래그하면 모음 소리를 변경할 수 있어요.
- 화음을 들어볼까요?

(1) 여러분이 만든 노래를 우리 반 패들렛에 올리고 소감을 간단히 써 봅시다.

（2） 친구들이 만든 노래를 들어보고 이 노래에 어울리는 가사를 붙여보는 건 어떨까요? 혹시 가사를 붙여주기가 너무 어렵다면 간단하게 단어의 연결로만 리듬감을 살려 만들어 봅시다.

 활동하기 3 · 우리 반 반가 부르기 대회

1 우리가 만든 노래를 직접 불러보고 다른 사람들에게도 알려요.

(1) 패들렛에 여러 가지 선생님이 올려주신 여러 가지 버전의 반가를 들어보고 가장 마음에 드는 반가를 선택해 봅시다(패들렛 '좋아요' 기능을 이용할 수 있어요).

2 친구들과 함께 우리 반 반가 부르기 대회 콘테스트를 열어 볼까요?

어떻게 인공지능이 노래를 만드는 걸까요?

인공지능은 인간 작곡가가 수많은 곡을 들어보고 이로부터 일종의 패턴을 찾아내어 자기만의 색깔을 입혀 새로운 곡을 만드는 기계학습 알고리즘을 활용하여 작곡을 할 수 있어요. 인공지능이 작곡해주는 동안 인간은 새로운 창작 작업에 몰두할 수 있어요. 더욱더 새롭고 좋은 음악이 많이 만들어질 거에요.

- 서울대 이교구 교수 -

출처: AI타임스(https://www.aitimes.com)

인공지능과 음악 어디까지 왔나요?

인공지능이 인간의 목소리를 어디까지 구현해줄 수 있을까요? 인공지능과 함께하는 음악은 어디까지 왔을까요?

음악 코드 'https://chordify.net/'를 이용하면 코드를 찾을 수 있어요.

수퍼톤은 'AI 음악 프로젝트 - 다시 한번'과 SBS '세기의 대결! AI vs 인간' 등 프로그램을 통 해 음성합성기술을 선보였어요. 엠넷 '다시 한번'에서 혼성그룹 '거북이'의 고(故) 터틀맨(임성훈)과 가수 김현식의 목소리를 복원했답니다. 'AI vs 인간'에서는 고(故) 김광석의 목소리를 구현했어요.

출처: AI타임스(https://www.aitimes.com)

주제 2 인공지능으로 우리 반 건국신화 만들기

 ## 생각 열기

우리 반 건국신화를 인공지능으로 만들어 볼까요?

우리 반이 하나의 국가라고 가정해 봅시다. 우리 반 공동의 가치를 담아서 우리 반의 국가를 만들어요. 우리 반 국가를 만들었다면 나라의 입지를 다지기 위해 건국신화를 만들어봐요. 대부분의 국가는 국가의 기원을 주된 내용으로 하는 신화가 있어요. 고조선의 건국신화를 살펴보고 우리 반의 건국신화에 들어갈 내용을 생각해 볼까요? 여러분만의 가치를 담은 창의적인 건국신화를 만들고 발표해봐요.

선생님: 우리 반 공통의 가치를 담아서 국가를 세워봅시다. 우리 국가의 입지를 다지기 위해 건국신화를 만들어봐요. 어떤 내용이 들어가면 좋을지 생각해 봅시다.

지민: 우리 반 공통의 가치를 협력으로 했으니 서로 돕는다는 내용이 들어가면 좋겠어요. 대부분의 동물들은 새끼들이 태어나면 돌봐줍니다. 우리 학교의 최고 학년인 우리가 1학년 친구들을 돌봐준다는 내용이 들어간다면 어떨까요?

선생님: 건국신화의 교훈은 동생들을 돌봐준다는 내용으로 하고 이야기의 구성에 대해 생각해 볼까요?

우석: 단군왕검이 하늘의 자손이라는 내용처럼 신성함을 강조하는 내용을 만들고 싶어요.

형민: 곰이 동굴에서 100일 동안 마늘만 먹고 사람이 된다는 내용을 떠올려 뭔가 주인공에게 고난과 역경이 있고 극복하는 내용이 들어가면 좋을 것 같습니다.

1 〈우리 반 건국신화를 인공지능으로 만들어 볼까요?〉를 읽고 물음에 답해 봅시다.

(1) **❶**에서 선생님과 학생들이 이야기한 내용을 간추려 써 봅시다.

....

....

(2) 어떤 내용의 건국신화를 만들면 좋을지 생각 그물을 사용하여 아이디어를 떠올려
봅시다.

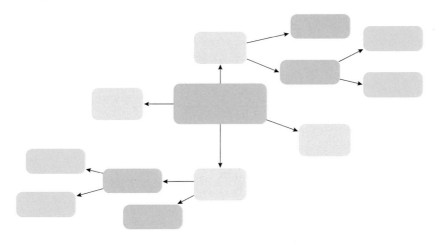

 오늘의 인공지능 도구

생성형 인공지능 '뤼튼'과 함께 문제를 해결해 볼까요?

⚙ 생성형 인공지능 '뤼튼'

'뤼튼'에서는 인공지능 챗봇을 만들 수 있어요. 인공지능 챗봇은 이름, 요
약, 첫 인사말, 캐릭터 설정 및 정보(역할, 외모, 성격, 말투) 등 한 단어만으
로도 사용자가 원하는 챗봇를 만들어주는 생성형 인공지능이에요. 인공지능
챗봇과 대화를 한다면 역사 속의 인물과 대화하는 기분이 들기도 해요.

인공지능과 함께 과거로 가는 타임머신 여행을 떠나볼까요?

이번 단원에서 중점적으로 사용할 뤼튼 스튜디오 챗봇의 기능
<캐릭터 만들기 1단계 – 프로필>

1. 사진 올리기

2. 이름 쓰기

3. 한 줄 소개

랜덤 생성 기능으로 랜덤으로 캐릭터 생성 가능

<캐릭터 만들기 2단계 – 상세 설정>

1단계에서 작성한 프로필을 기준으로 인공지능이 상세 초안 작성

1. 캐릭터의 첫 인사말 쓰기

2. 캐릭터 설정 및 정보 쓰기(역할, 외모, 설명, 말투 등 캐릭터에 대한 더 자
   세한 정보)

<캐릭터 만들기 3단계 – 등록>

1. 캐릭터 공개 여부 결정(공개/비공개/링크 공개)

2. 카테고리 설정

3. 해시태그(최대 3개)

> 인공지능 도구 뤼튼 '인공지능 챗봇'과 함께 우리 반 건국신화를 만들 때,
> 다음과 같은 점을 주의해요.

⚙ 활동에 들어가기 전 꼭 읽어주세요!

뤼튼 가입하기	구글 계정으로 가입이 가능하며 만 14세 미만의 경우 반드시 부모님의 동의를 받아야 해요. 부모님과 함께 구글 계정을 만들어 휴대폰 인증을 통해 뤼튼에 가입해 보아요.
올바른 캐릭터 설정하기	캐릭터에 대한 자료를 찾기 어렵다면 뤼튼에게 질문하면서 캐릭터에 대한 자료를 만들 수 있어요.
거짓 정보 (할루시네이션)	인공지능은 역사적 사실에 대해 거짓 정보를 제공한 사례가 있어요. 생성형 인공지능의 학습데이터가 부족할 경우 거짓되고 조작된 정보를 제공할 수 있어요.

 활동하기 1 · 역사 여행을 떠나요! 단군왕검 인공지능 챗봇과 이야기해 보아요.

① 단군왕검 인공지능 챗봇과 대화하면서 고조선의 건국신화에 대한 정보를 얻고 건국신화를 만들어 볼까요?

⚙ 단군왕검 인공지능 챗봇과 대화하기

고조선의 건국신화에
대해 알아보기

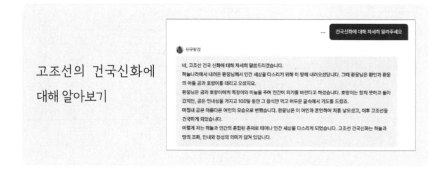

우리 반 건국신화를 만드는 방법 알아보기

저도 우리반 건국신화를 만들고 싶어요

단군왕검

네, 새로운 건국신화를 만드는 것은 매우 재미있는 일이 될 것 같습니다. 건국신화는 한 민족의 기원과 정신세계를 상징적으로 보여주는 중요한 이야기이니까요.
여러분 반만의 독특한 건국신화를 만든다면 그 속에 여러분만의 가치관과 이상향이 반영될 수 있을 거예요. 예를 들어 평화로운 세상, 자연과 인간의 조화, 용기와 인내 등의 주제를 담을 수 있겠죠.
주인공과 등장인물, 배경이 되는 신화적 세계를 상상력을 발휘해 만들어보세요. 그리고 그 속에 여러분이 중요하게 여기는 메시지를 녹여내면 좋을 것 같네요.
저도 고조선 건국신화를 통해 우리 민족의 뿌리와 정신을 이해할 수 있었듯이, 여러분의 건국신화 역시 소중한 의미를 지닐 수 있을 거예요. 힘내서 만들어보시기 바랍니다!

우리 반의 가치를 담은 건국신화 만들기

협동을 가치로 하는 건국신화를 만들어 주세요

단군왕검

네, 협동을 가치로 하는 건국신화를 만들어 보도록 하겠습니다.
먼저 주인공은 여러 동물과 인간들이 함께 힘을 합쳐 새로운 나라를 세우는 이야기로 시작해 보겠습니다.
예를 들어 숲 속에 살던 여러 동물들과 마을 사람들이 모여, 서로 돕고 협력하여 이상적인 세상을 만들어가는 것이죠.
그 과정에서 동물들과 인간들이 각자의 재능과 능력을 발휘하며 서로 존중하고 신뢰하게 됩니다. 예를 들어 새가 하늘을 살펴보고, 토끼가 농사를 짓고, 사람들이 마을을 만드는 등 역할을 나누어 수행하죠.
이렇게 모두가 힘을 합치고 소통하면서 평화롭고 행복한 나라가 세워집니다. 그리고 그 나라의 이름을 '화합'이라 지어, 협동과 조화의 가치를 상징적으로 보여줄 수 있겠네요.
이처럼 서로 돕고 존중하며 함께 이상향을 만들어가는 과정이 여러분의 건국신화에 잘 드러났으면 합니다. 모두가 행복한 세상을 만드는 것, 그것이 바로 협동의 가치를 실현하는 것이 될 거예요.

(1) 고조선의 건국신화를 요약하고 어떤 가치가 담겨 있는지 써 봅시다.

(2) 내가 만들고 싶은 우리 반 건국신화를 요약하고 어떤 가치가 담겨 있는지 써 봅시다.

활동하기 2 · 우리 반 건국신화를 만들고 발표해 볼까요?

⚙️ 캔바로 건국신화 자료 만들기

주제에 맞는 템플릿
검색하기

캔바의 magic media 기능을 이용해서
만들고 싶은 이미지를 설명하기

- 그림의 스타일 지정하기
- 적합한 이미지가 나오도록 다시 생성하기

1 우리 반 건국신화를 발표해 볼까요?

(1) 만든 건국신화를 우리 반 패들렛에 올리고 소감을 써 봅시다.

(2) 친구들의 작품에 '좋아요'를 표시하고 댓글을 달아봅시다.

생활 속 인공지능 이야기

패들렛의 인공지능 기능을 소개해요!

⚙️ 패들렛으로 수업 구상하기

인공지능 레시피 살펴보기

- 인공지능과 함께 맞춤게
  시판 만들기
- 수업에 사용할 맞춤 게시
  판 생성하기
- 나의 역할
- 내가 만들고 싶은 게시판

인공지능과 함께 수업 활동 아이디어
만들기

- 제목
- 등급 : 학생 학년 선택
- 주제 또는 수업 목표 작성하기
- 강의실의 리소스 옵션 쓰기
- 추가 세부정보 쓰기

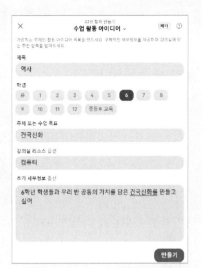

수업 활동 아이디어를 살펴보고 수업
목표와 학년 수준에 맞게 조정하기

주제 3   인공지능으로 함께하는 마음 열기

 생각 열기

인공지능이 나의 감정을 읽어준다면 어떨까요?

학교에서 친구들과 생활을 하다 보면 가끔 화가 나거나 힘든 일이 있을 수 있어요. 친구들과 다투거나 내가 원하는 대로 일이 풀리지 않아 속상한 기분이 들 수도 있지요. 이런 경우에 인공지능이 나의 마음을 알고 위로해 준다면 어떨까요?

정훈: 희정아, 오늘 무슨 일이 있었니? 기분이 좋지 않아 보여.

희정: 수학 시험에서 100점을 맞지 못해서 속상해. 열심히 노력했는데 결과가 나오지 않는 것 같아서 기분이 좋지 않아.

정훈: 희정아, 많이 속상했겠다. 하지만 네가 열심히 노력했다는 사실을 나도 알고 있어. 나도 기분이 속상할 땐 일기장에 속상한 감정을 쓰면서 위로받을 수 있었어. 나의 속상한 감정을 일기장에 쓰듯이 AI 마음일기에 써보는 게 어떨까?

희정: 정훈아, 위로해줘서 고마워. AI 마음일기라니? 인공지능이 나의 감정을 읽고 위로해줄 수 있단 말이야?

여러분은 학교나 학급에서 속상한 일이 있었을 때 어떤 식으로 스트레스를 관리하나요? 일기를 쓰는 것은 효과적인 감정 조절 방법이 될 수 있어요. 인공지능이 나의 마음을 알아주고 위로해준다면 나의 비밀 친구가 될 수 있지 않을까요? 여러분의 고민을 털어놓고 스트레스 관리 방법에 대해 알아봐요.

1 〈인공지능이 나의 감정을 읽어주면 어떨까?〉를 읽고 물음에 답해 봅시다.

(1) **❶**에서 정훈이와 희정이는 어떤 대화를 했을까요?

....

....

(2) 여러분의 오늘 감정은 어떤가요? 학교생활에 대한 일기를 간단하게 써 봅시다.

....

....

....

 ## 오늘의 인공지능 도구

'AI 마음일기'와 함께 문제를 해결해 볼까요?

⚙ AI 마음일기

　나의 마음 건강을 위해서는 내 감정이 무엇인지 명확하게 인식하는 것이 먼저 필요해요. 나의 감정을 인식하고 일기를 쓰면 인공지능이 학생의 일기를 분석하여 감정을 알려줘요. MBTI와 유사한 LBTI를 알려주고 토닥토닥 채팅으로 친구와 대화할 수 있어요. 선생님은 아이들의 감정 정보를 한눈에 파악하고 관리할 수 있어요.

　AI 마음일기에 대해 알아볼까요?

◎ 마음일기

1. 논리적이지 않아도 되니 자신의 감정을 마음껏 자유롭게 표현해 주세요. 글자 수는 3,000자까지 쓸 수 있어요. 자세하게 설명할수록 인공지능이 자세히 분석해줄 수 있어요.

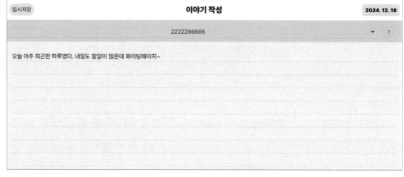

1. 심스가 나의 일기를 분석하여 알려
   줍니다. 음악을 들으면서 마음을 편
   안하게 해볼까요?

2. 오늘의 감정점수와 오늘의 일기와
   비슷한 감정을 찾아줍니다. 강한 긍
   정 감정일수록 +10에 가깝습니다.

3. 오늘 나의 마음 상태를 신호등처럼 나타내 줍니다. 긍정의 상태일수록 초록색에
   가깝고 부정의 상태일수록 빨간색에 가깝습니다.

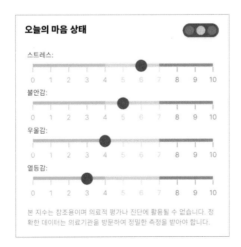

4. 심스의 토닥토닥 이야기를 듣고, 심스를 클릭하여 심스와 대화를 더 나눠봅시다.

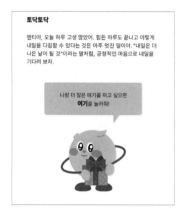

5. 심스와 대화를 나누면서 나의 감정의 상태를 들여다보고 나의 스트레스를 해소하는 방안을 묻고 대답해 봅시다. 대화의 횟수는 최대 5회로 저장이 되지 않습니다.

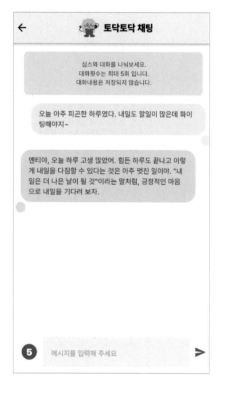

'AI 마음일기'

⚙️ 활동에 들어가기 전 꼭 읽어주세요!

마음일기 가입하기	학생은 선생님들이 만들어 주시는 계정으로 일괄 가입할 수 있어요.
마음일기 안내	AI 마음일기를 사용하기 위해서는 학생 개인당 한 달에 2,000원의 비용을 지불해야 해요.
토닥토닥	토닥토닥 채팅은 횟수가 제한되어 있어요. 최대 5회까지 가능해요.
앱 사용 가능	학생들은 앱으로도 간편하게 접속하여 쓸 수 있어요.

'MS Reflect'와 함께 스트레스 관리법을 알아 볼까요?

⚙️ MS Reflect

MS Reflect는 학생들이 좋아하는 인사이드 아웃 캐릭터와 함께 자신의 스트레스를 해소할 수 있는 여러 가지 방법을 알려줘요. MS Reflct와 함께 스트레스 관리를 친구들과 함께 해볼까요?

◆ 체크인하기

1. 감정을 표현하고 적극적으로 참여해요.

2. 선생님이 새로운 체크인의 질문을 만들 수 있어요.

3. 어떤 두뇌 휴식을 선택해야 할지 모르겠다면 인공지능의 도움을 받을 수 있어요.

예) 공부하면서 집중력이 필요하면 기억력 게임을 할 수가 있어요.

◆ 명상하기

1. 귀여운 캐릭터와 함께 명상할 수 있어요.

2. 집중력을 높이는 음악을 듣거나 숨쉬기를 통해 마음을 가라앉힐 수 있어요.

◆ 활동

1. 간단한 활동을 통해 스트레스를 관리할 수 있어요. 스트레칭과 춤추기를 활용해 봅시다.

2. 간단한 스트레칭을 통해 마음을 편하게 해봅시다. 필링 몬스터의 안내를 따라 리듬을 느끼면서 춤을 출 수 있어요.

◆ 게임

1. 게임을 통해 감정에 대해 더 많이 알아봅시다. 색칠 공부를 통해 스트레스를 관리해 봅시다.

2. 감정 추측: 친구들과 질문을 하면서 수수께끼 필링 몬스터를 추측해 봅시다.

활동하기 1 · 감정에 대해 알아보기

1 나의 감정과 여러 가지 감정에 대해 알아봅시다.

(1) 오늘의 감정은 어떤가요? 나의 감정의 이름에 대해 어떤 상태인지 정확하게 파악하는 것이 나의 스트레스 관리에 도움이 될 수 있어요. 감정 사전을 살펴보면서 나의 감정의 상태를 알아봅시다.

⚙ 나의 감정의 상태 살펴보기

나의 감정의 상태를 긍정, 부정, 중립으로 나누고 나의 감정의 상태의 사전에서 찾아봅시다.

점수는 -10점부터 10점까지 나누어져 있고 긍정적인 감정일수록 10점에 가깝고 부정적인 감정일수록 -10점에 가깝습니다.

비슷한 감정일수록 같은 색깔로 분류되어 있으니 색깔을 살펴보면서 나의 감정의 상태를 알아볼까요?

안심(Relief)   감정점수 5

"안심"이라는 감정은 위험하거나 힘든 상황에서 벗어나 멜도
는 걱정이 사라지고 마음이 평온해지는 것을 말해. 어떤 일이
잘 해결되거나 안전하다고 느껴질 때 안심된다는 감정을 느
끼지.

"안심"하는 순간에 대해 더 자세히 알아볼까? 어릴 때 집에
혼자 있었는데 엄마와 아빠가 돌아왔을 때 어떤 기분이 들었
는지 기억나? 그게 바로 안심이야. 또는 밤에 어두운 골목을
걸어갈 때 마음이 불안하고 무서운데 드디어 우리집 현관에
들어오게 되면 휴~~ 안심이 되지.

"안심"을 하면 어떻게 될까? 아마 모든 걱정이 사라지고 복잡
했던 생각들이 잠시 멈출 거야. 그러면 자연스럽게 웃음이 나
오고, 다른 일에 집중할 수 있게 될 거야.

닫기

1. 내 감정의 뜻에 대해 설명해 줍니다.

2. 내 감정에 알맞은 상황 예시로 내 감
   정을 들여다볼 수 있습니다.

3. 이런 감정 상태에 있으면 나의 상황
   이 어떨지 소개해 주고 있습니다.

(2) 오늘 내 감정의 상태를 들여다볼까요? 오늘 나의 감정의 색은 무슨 색깔인가요?

....

....

(3) 내가 이런 감정을 갖게 된 이유나 상황에 대해 친구들에게 간단하게 소개해 봅
시다(예시: 오늘 시험이 끝나서 홀가분한 감정이 들었다. 이 감정의 이름은 안
심이었다).

(4) 친구들과 감정 스무고개 놀이를 하면서 여러 가지 감정에 대해 더 알아볼까요?

....

....

예시) 스무고개 놀이 예시 – 예, 아니오로만 답할 수 있음

　　오늘 긍정적인 감정이 들었나요?

　　오늘 부정적인 감정이 들었나요? 중립적인 감정이 들었나요?

활동하기 2 · 나의 감정 일기를 쓰고 인공지능과 대화하기

(1) 여러분의 감정 일기를 간단하게 적어봅시다. 감정 일기는 논리적이지 않아도 좋습니다.

....

....

⚙ AI 마음일기 쓰기

(1)에서 썼던 나의 감정 일기를 AI 마음일기에 적어봅시다.

1. 여러분의 일기를 심스가 분석하여 알려줍니다. 편안한 상태에서 오늘의 하루를
   정리한다고 생각하고 눈을 감고 음악을 들으면서 오늘 하루를 정리해 봅시다.

2. 토닥토닥 채팅을 통해 오늘 나의
   고민을 상담해 봅시다(다섯 번까
   지 가능).

3. 토닥토닥 채팅을 하고 난 후 나의 마
   음에 어떤 변화가 있었는지 들여다볼
   까요?

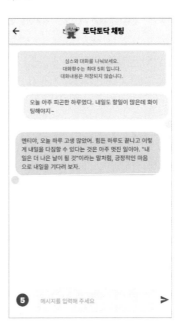

(2) 내가 쓴 감정 일기를 AI 마음일기에 올리고 나의 감정을 분석해 봅시다.

(3) 나의 감정을 분석하였더니 오늘의 생활유형은 무엇이었나요? 오늘의 생활유형은 나의 MBTI와 비슷하였나요?

（4） 오늘의 생활유형이 나와 비슷한 친구들을 찾아봅시다. 그 친구들에게 어떤 감정을 느꼈는지 물어보고 생활유형이 어떤 패턴으로 나왔을지 생각해 봅시다.

활동하기 3 · 우리 반 감정 사전 만들기

1 나와 감정의 색깔이 비슷했던 친구들을 만나서 어떤 감정인지 알아봅시다.

(1) 그 친구들이 일기에 썼던 내용이 무엇인지 서로 묻고 답해 봅시다.

(2) 여러분의 고민에 있어서 선생님, 혹은 친구들이 어떤 도움을 주면 좋을까요?

선생님: ....

친구들: ....

(3) 감정 워드 클라우드를 이용하여 우리 반 감정 사전을 만들어 봅시다.

즐거움이란?

....

....

불안이란?

....

....

소망이란?

....

....

활동하기 4 · 게임을 통해 감정에 대해 더 알아볼까요?

1 MS Reflect를 활용하여 스트레스를 관리해 봅시다.

(1) 게임을 통해 감정에 대해 더 알아볼까요?

친구와 함께 감정 추측 게임을 해봅시다.

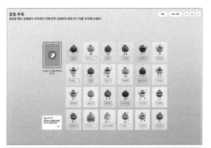

질문을 해서 상대방의 감정을 추측해 봅시다.

1. 상대방의 수수께끼 필링 몬스터에 관한 예/아니요 질문을 하세요. 예를 들어 "좋은 감정인가요?"라고 물어볼 수 있습니다. 상대는 "예" 또는 "아니요"로 대답해야 합니다.
2. 상대의 답변에 따라 게임 보드에서 필링 몬스터 카드를 선택하여 감정을 제거하세요. 예를 들어 상대방이 본인의 수수께끼 캐릭터가 좋은 감정이라고 하면 나쁜 감정을 나타내는 카드를 모두 선택하세요.
3. 질문 아이디어를 바꿔가면서 감정을 추측해 봅시다.

> 질문 아이디어
> 개인적인 목표를 달성할 때 드는 감정인가요?
>
>

(2) 게임을 통해 느낀 점을 정리해 봅시다.

_____

_____

 ## 생활 속 인공지능 이야기

인공지능이 나의 감정을 읽어줄 수 있을까요?

인공지능은 나의 감정을 읽어줄 수 있을까요? 인공지능이 나의 감정을 읽어줄 수 있다면 어떻게 읽어주는 걸까요? 인간의 감정을 읽고 이해할 수 있다면 우리의 생활은 어떻게 달라질까요?

임창환 교수팀은 인간 뇌의 특성을 모방한 새로운 딥러닝 알고리즘을 통해 기존 방식보다 높은 정확도로 사람의 감정을 인식하는 데 성공했습니다. 뇌-컴퓨터 인터페이스(BCI)는 뇌에서 발생하는 뇌 신호를 인공지능 기술을 이용해 해독함으로써 생각만으로 외부 기기를 제어하거나 외부와 의사소통을 가능하게 하는 기술을 의미합니다. 또한 올해 3월에는 일론 머스크가 설립한 뉴럴링크(Neuralink)에서 사지마비 장애인의 운동영역에 '텔레파시'라는 브레인칩을 삽입해 생각만으로 체스 게임을 플레이하는 동영상을 공개해 화제가 되기도 했습니다.

뇌 신호로부터 사람의 감정이나 뇌 상태를 인식하는 감성 BCI(affective BCI) 분야는 최근 뇌공학 분야에서도 가장 주목받는 분야 중 하나입니다.

뇌파로부터 감정을 인식할 수 있으면 비대면으로 우울증을 진단하거나 치료할 때 정확도나 효과성을 높일 수 있습니다.

가정용 로봇이나 고령자 돌봄 로봇에 적용하면 사용자의 감정을 읽어 다양한 서비스를 자율적으로 제공하는 기술도 구현이 가능합니다.

출처: 뉴시스(https://www.newsis.com/view/NISX20240702_0002794881)

사회와 세계

인공지능과 함께 탐구하는 우리 사회

이 단원에서는 인공지능과 함께 우리 사회로 시야를 확장해 봅시다.

우리는 TV, 인터넷의 뉴스, 기사를 통해 정치, 경제, 사회, 문화, 과학·기술 등 다 방면의 사회 모습을 접할 수 있어요.

뉴스와 기사를 보면 논리적·비판적 사고력을 키울 수 있어요. 사회 갈등이나 문제 상황에 대하여 타당한 근거를 들어 주장하고, 타인의 의견에 반박하기 위한 근거를 생각하게 되기 때문이에요. 이 과정에서 타인의 관점을 이해하고 문제 해결력도 키울 수 있어요.

이 과정에서 내가 중요하게 여기는 가치가 무엇인지 깨닫고 내가 어떤 사람인지 알아가는 것이 중요해요. 이것은 앞으로 내가 하고 싶은 것을 추구하며 사회 구성원으로서 나의 역할을 찾는 첫걸음이 되지요.

뉴스나 기사를 보기에 초등학생은 너무 어린 거 아니냐고요? 그렇지 않아요. 요즘에는 어린이를 위한 기사도 찾아볼 수 있거든요.

이제 우리 사회에서 어떤 일이 일어나는지, 우리 사회 안에서 나는 인공지능을 활용하여 어떤 역할을 할 수 있을지 함께 생각해 볼까요?

💡 **주제 1**

시사 용어로 알아보는 우리 사회 – 파플렛(POPPLET)

💡 **주제 2**

요약 전략 익히기

💡 **주제 3**

시사 정보를 알리는 블로그 글 게시하기 – 릴리스(Lilys)

주제 1   시사 용어로 알아보는 우리 사회

 생각 열기

우리 사회에서 일어나는 일, 시사

도준: 예린아, 사회 숙제 했어? 선생님이 관심 있는 뉴스나 기사 요약해 오라고 하셨잖아.

예린: 나는 층간 소음을 다룬 뉴스를 골랐어. 고통받던 아랫집 사람이 천장에다가 스피커를 설치해서 소리를 엄청 크게 키우더라. 그 정도로 층간 소음으로 인한 갈등이 심한지 몰랐어. 뉴스에서는 불법적인 보복이 아닌, 합리적인 해결 방법을 알려주었어. 어릴 때 집에서 뛰면 아래층 아주머니가 올라와서 항의했던 기억이 있거든. 그래서 그런지 그 뉴스에 눈이 가더라.

도준: 그럼 발표는 어떻게 하려고?

예린: 마인드맵을 그려서 보여줄 거야. 층간 소음으로 발생한 사고, 층간 소음의 원인과 해결 방안을 한눈에 보이도록 그려보려고.

도준: 마인드맵? 아, 생각그물! 그런데 직접 그리려고?

예린: 아니, 다 생각이 있지!

---

1 뉴스나 기사에서 우리가 얻을 수 있는 것은 무엇인지 설명해 봅시다. 뉴스나 기사를 검색하여 읽어 보고 정리해 보아도 좋아요.

오늘의 활용 도구

> 마인드맵 생성을 위한 도구, 파플렛(POPPLET)에 대해 알아보아요.

파플렛(POPPLET) 사용법

영상과 글에는 많은 내용이 포함되어 있어요. 이 중에서 주요 내용과 중심어만 뽑아서 조직하면 내용을 이해하기도, 표현하기도 쉬워져요. 이 과정에서 정보를 마인드맵의 형태로 조직하여 시각적으로 표현할 때 유용한 도구 파플렛(POPPLET)을 소개합니다. 파플렛(app.popplet.com)에 로그인하여 다음 기능을 체험해 보세요.

파플렛은 다음과 같은 가능을 제공해요.

- 마인드맵 제작 기능: 텍스트와 텍스트를 엮어 생각그물로 표현할 수 있어요. 텍스트와 관련된 이미지를 그리거나 넣을 수 있어요.
- 마인드맵 공유 기능: 생성한 마인드맵을 다른 사람에게 공유할 수 있어요.
- 마인드맵 협업 기능: 내가 만든 마인드맵에 다른 사람을 초대하여 함께 마인드맵을 만들 수 있어요.

<기능>
- 마인드맵 제작 ○
- 마인드맵 공유 ○
- 마인드맵 협업 ○

텍스트 상자의 테두리에 나타나는 원을 클릭하면 텍스트 상자를 추가할
수 있어요. 모서리의 삼각형을 클릭한 채로 마우스를 움직이면 텍스트 상
자의 크기를 조절할 수 있어요.

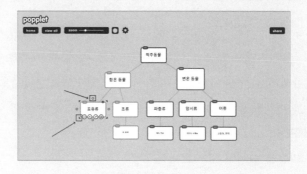

텍스트 상자 아래의 이미지 아이콘을 클릭하면 이미지 파일을 업로드하거나 이
미지의 주소를 입력하여 이미지를 삽입할 수 있어요.

이미지의 용량이
1MB 미만이어야 업
로드가 가능해요.

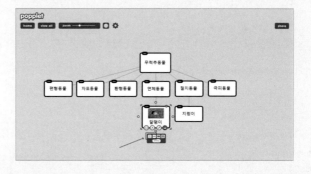

'공개 파플렛' 탭에서 다른 작업자의 마인드맵 생성 사례를 확인할 수 있어요.

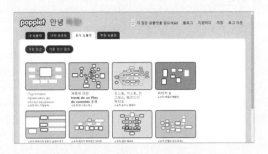

생성한 마인드맵을 다른 사람에게 공유할 수 있어요.

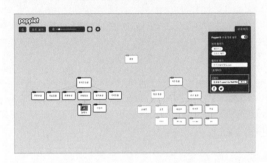

파플렛에 가입되어 있는 사람을 협력자로 추가할 수 있어요. 협력자는 탭 '나의 공유(Shared with me)'에서 마인드맵을 공동으로 생성할 수 있어요.

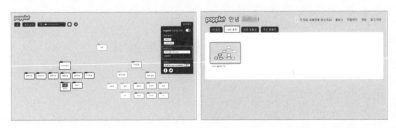

1 파플렛으로 정리해 보고 싶은 내용에는 무엇이 있나요? 파플렛 사용의 장점도 함께 정리해 봅시다.

(1) 파플렛으로 정리하고 싶은 내용

....

....

(2) 파플렛 사용의 장점

....

....

파플렛을 사용하기 전, 다음 사항에 주의해요.

🔅 활동에 들어가기 전 꼭 읽어주세요!

파플렛 가입하기	만 14세 미만의 미성년자는 부모의 동의와 감독하에 파플렛을 사용할 수 있어요.
마인드맵 생성 개수 제한(무료 사용)	무료 계정인 경우 하나의 마인드맵만 생성할 수 있어요. 여러 개의 마인드맵을 생성하고 싶다면 유료 결제를 진행하세요.

 활동하기 1 · 낯선 시사 용어 검색하기

　　뉴스나 기사에서는 당시에 일어난 여러 가지 사회적 사건을 다루는데, 이를 '시사(時事)'라고 해요. 최근 뉴스, 기사에서 들어본 내용 중에서 기억에 남는 용어가 있나요? '도파밍, 오버투어리즘, 개모차, 검은 반도체' 등 당시에 일어난 여러 가지 사회적 사건에 관련된 용어를 시사 용어라고 해요.

시사 용어의 예시

시사 용어

- **도파밍** — 도파민(Dopamine) + 게임에서 특정 아이템이나 자원을 모으는 행위(Farming)
- **오버투어리즘** — 지나치게 많은(Over) + 관광(Tourism)
- **개모차** — 개 + 유모차
- **검은 반도체** — 수출량이 많은 김을 반도체에 빗댄 말

1 위의 시사 용어 중에서 알고 있던 말이 있다면 뜻을 적어 보세요. 또는 모르는 시사 용어의 뜻을 추측해 보세요.

(1) 시사 용어: ....

(2) 뜻 또는 예측한 뜻: ....

....

2 위에서 선택한 시사 용어가 등장하는 뉴스나 기사를 검색해 보세요. 관심이 가는 기사를 하나 골라 간략하게 소개해 보세요.

(1) 뉴스나 기사 제목: ....

(2) 출처: ....

(3) 내용 정리: ....

....

....

참고자료

어른들을 위한 뉴스나 기사에는 모르는 내용과 어휘가 많아 어렵지요. 참고자료를 활용하여 초등학생의 수준과 관심사를 반영한 기사를 검색해 보세요.
- 어린이동아(https://kids.donga.com/)
- 어린이 경제 신문(https://www.econoi.com/)

 활동하기 2 · 마인드맵의 특징 이해하기

내가 검색한 뉴스나 기사를 다른 사람에게 전달하려면 어떻게 해야 할까요? 뉴스나 기사 내용을 모두 전달할 수는 없어요. 그렇다면 검색한 정보 중에서 어떤 부분만, 어떤 방법으로 정리해서 보여주어야 할까요?

정리할 내용의 전체적인 구조를 한눈에 파악할 수 있도록 보여주는 마인드맵(Mind Map)을 소개합니다. 마인드맵은 마음속에 지도를 그리듯이 글자, 기호, 그림을 사용하여 생각을 표현하는 방법이에요. 사람들은 어떤 내용을 정리하기 위하여 먼저 크게 분류한 후 그 분류에서 작은 분류로 다시 나누는 방식으로 생각하는데, 마인드맵은 이러한 인간의 사고 방식을 직관적으로 표현하는 도구예요. 마인드맵으로 글을 정리하면 내용을 기억하기도 쉬워요.

그럼 이제 척추동물의 분류를 마인드맵으로 표현해 볼까요?

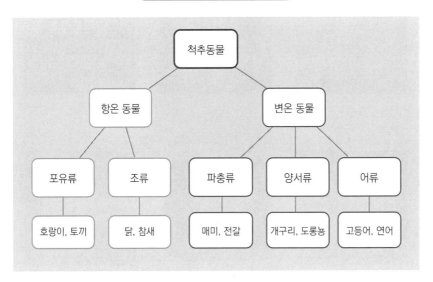

척추동물의 분류

*척추동물: 등뼈가 있는 동물
*항온 동물: 기온과 관계없이 일정한 체온을 유지할 수 있는 동물
*변온 동물: 체온을 조절하는 능력이 없어서 바깥의 온도에 따라 체온이 변하는 동물

1 다음을 읽고 O, X에 표시해 봅시다.

① 척추동물을 크게 항온 동물과 변온 동물로 나눌 수 있다. [O, X]

② 척추동물의 분류에서 포유류와 조류를 포함하는 것은 변온 동물이다. [O, X]

③ 파충류는 변온 동물을 포함한다. [O, X]

④ 등뼈가 없는 동물은 이 마인드맵에 포함되지 않는다. [O, X]

2 다음 스포츠를 분류하여 마인드맵으로 표현해 보세요.

마라톤   컬링   서핑

멀리뛰기   아이스 스케이팅   스노쿨링

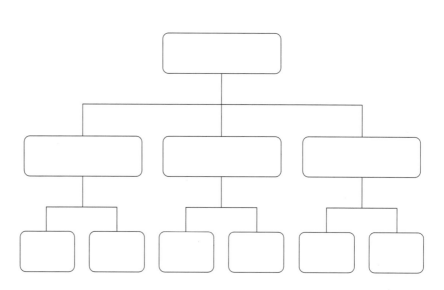

⚙ 다음 기사를 읽고 물음에 답해 봅시다.

노키즈존의 확산

식당이나 카페에서 '만 13세 미만 어린이 및 초등학생 입장이 불가합니다.'라는 말을 본 적 있나요? 노키즈존(No Kids Zone)은 아동의 출입을 제한하는 곳을 말해요.[1]

과거에 한 식당에서 10대 어린이가 화상을 입었어요. 아이가 뜨거운 물이 담긴 그릇을 들고 가던 종업원과 부딪히면서 일어난 사고였어요. 식당 주인과 종업원은 법원의 판결에 따라 4,100만 원을 배상(남에게 입힌 손해를 물어 주는 일)해야 했어요. 식당에서 아동으로 인해 사고가 발생하면 식당 운영자도 책임을 져야 하는 것이지요.[2] 게다가 식당에서 소란을 피우는 자녀를 말리지 않는 등 식당에 피해를 주는 일부 부모 때문에 식당 운영자들은 어려움을 호소해요.[3] 이런 상황에서 노키즈존은 전국에 약 600곳에 이르게 되었어요.

---

1 '조선일보, 노키즈, 노아줌마, 노실버 … 당신도 거부당할 수 있습니다', https://www.chosun.com/national/weekend/2024/06/22/OFWRAKW7P5HE 3LOVTKL5MOQZSU/?utm_source=naver&utm_medium=referral&utm_campaign= naver-news
동아일보, "한국 저출산 우연 아니다 … 그 증거는 노키즈존" 르몽드 지적, https://n.news.naver.com/mnews/article/020/0002977288

2 디지털투데이, '노키즈존' 확산과 '국가부도의 날', https://www.digitaltoday.co.kr/news/articleView.html?idxno=205317

3 동아일보, '노키즈 존' 식당 사장 "식탁서 기저귀 갈고 그냥 두고 가", https://www.donga.com/news/article/all/20160602/78455995/1

최근에는 어린이들이 직접 노키즈존을 없애자는 목소리를 내고 있어요. 대한민국 아동총회의 회장 ○○○ 어린이는 차별을 부추기는 노키즈존을 없애 달라고 주장하였어요.[4] 현재 법으로는 노키즈존을 없앨 수 없어요. 하지만 일부 국회의원들은 노키즈존의 확산을 막기 위해 노력하고 있어요.[5]

1 위 기사를 친구들에게 전달할 때 꼭 포함해야 할 시사 용어와 내용을 메모 형식으로 정리해 봅시다.

4 조선미디어더나은미래, "아동 차별하는 노키즈존 없애주세요" … 아동총회 결의문 채택, https://www.futurechosun.com/archives/79169

5 뉴제주일보, '노키즈존' 지정금지 조례 의회서 대폭 수정 가결, https://www.jejuilbo.net/news/articleView.html?idxno=214085

2 기사의 내용을 마인드맵으로 표현할 때 빈칸에 알맞은 말을 적어 봅시다.

3 파플렛을 사용하여 위의 핵심어로 마인드맵을 생성해 보고, 노키즈존에 대하여
친구들과 자유롭게 의견을 나누어 봅시다.

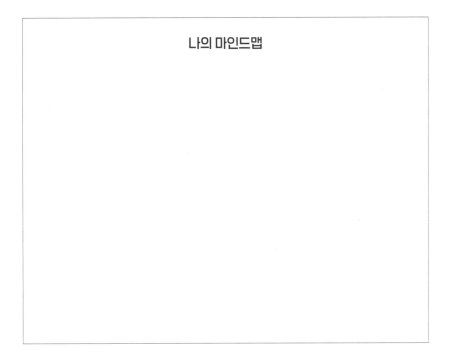

나의 마인드맵

4 내가 만든 파플렛을 보며, 마인드맵의 장점에 대하여 친구들과 의견을 나눈 후 정리해 보세요.

마인드맵의 장점
①
②

 생활 속 인공지능 이야기

인간의 사고를 멈추는 인공지능?

파플렛(POPPLET)은 사용자가 마인드맵을 직접 생성하는 도구로, 마인드맵을 자동으로 생성하는 기능을 제공하지 않아요. 반면에 마인드맵을 자동으로 생성하는 인공지능 도구를 활용하면 직접 만드는 수고로움을 덜 수 있어요. ChatGPT의 GPTs에 있는 앱 Whimsical Diagrams는 입력한 글의 주요 내용으로 마인드맵을 뚝딱 완성해요. GPTs의 다른 앱 Diagrams: Show me 역시 입력한 글을 마인드맵으로 자동 생성하며, 생성된 마인드맵을 수정하는 기능도 제공해요.

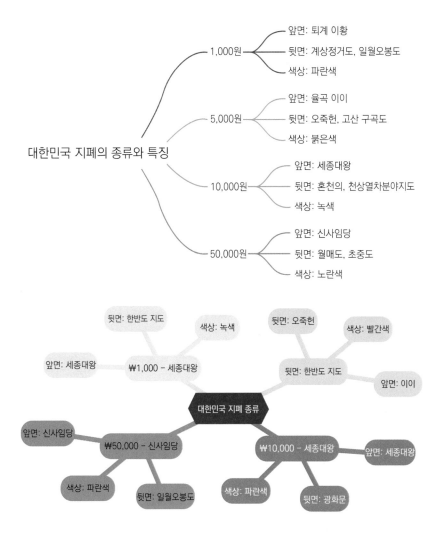

대한민국 지폐의 종류와 특징

- 1,000원
  - 앞면: 퇴계 이황
  - 뒷면: 계상정거도, 일월오봉도
  - 색상: 파란색
- 5,000원
  - 앞면: 율곡 이이
  - 뒷면: 오죽헌, 고산 구곡도
  - 색상: 붉은색
- 10,000원
  - 앞면: 세종대왕
  - 뒷면: 혼천의, 천상열차분야지도
  - 색상: 녹색
- 50,000원
  - 앞면: 신사임당
  - 뒷면: 월매도, 초중도
  - 색상: 노란색

대한민국 지폐 종류

₩1,000 - 세종대왕
- 뒷면: 한반도 지도
- 색상: 녹색
- 앞면: 세종대왕

뒷면: 한반도 지도
- 뒷면: 오죽헌
- 색상: 빨간색
- 앞면: 이이

₩50,000 - 신사임당
- 앞면: 신사임당
- 색상: 파란색
- 뒷면: 일월오봉도

₩10,000 - 세종대왕
- 색상: 파란색
- 뒷면: 광화문
- 앞면: 세종대왕

※ 상 – Whimsical Diagrams이 생성한 마인드맵, 하 – Diagrams: Show me이 생성한 마인드맵

    그렇다면 우리는 이제 글을 읽고 중심 내용을 발췌하여 마인드맵을 직접 만드는, 이 복잡한 사고 과정을 하지 않아도 될까요? 델러웨이대 교육학과 부교수 조슈아 윌슨은 '우리의 사고력은 글쓰기 과정을 통해 향상된다'며, 'ChatGPT의 사용으로 인하여 학생들이 사고하는 방법을 잃을 수 있다'

고 워싱턴 포스트지에 밝힌 바 있어요.[6] 인공지능의 사용으로 인하여 인간의 사고를 멈추는 것에 대하여 우려하는 것이지요.

우리는 인공지능이 생성한 마인드맵에 오류가 있을 때 수정을 요청할 수 있어야 하며, 직접 수정도 할 수 있어야 해요. 그래서 우리는 인공지능에 명확하고 구체적으로 지시하는 능력, 인공지능의 능력과 한계를 이해하고 적용하여 성공적으로 실행하려는 의지·능력인 학습 민첩성,[7] 인공지능이 생성한 결과물을 검토하고 오류를 판별하는 비판적 사고 등을 키워야 해요.[8]

 참고자료

마인드맵은 언제, 어디에 사용하나요?
마인드맵은 자기 소개, 교과서 내용 정리 등 학습이나 발표 상황에서 활용할 수 있어요. 마인드맵의 다양한 활용 사례를 다음 영상을 통해 확인해 보세요.

① 자기 소개 마인드맵
　유튜브 채널 '좋은교사TV', <[온라인수업] 창체수업 #7 - 3월 자기소개 마인드맵 그리기>
② 교과 학습 마인드맵
　유튜브 채널 '이서윤의 초등생활처방전', <마인드맵으로 교과서 단원 정리하는 법! | 방구석STUDY 06>
③ 독서 내용 정리 마인드맵
　유튜브 채널 '천지의 마인드맵노트', 꽃들에게 희망을 마인드맵 그리기 | 독서마인드맵 | 트리나 폴러스 | 아이패드 드로잉 [책리뷰]

6　미디어오늘, [인공지능의 두 얼굴] ChatGPT시대, 학생들의 생각을 멈추게 하다, https://www.mediatoday.co.kr/news/articleView.html?idxno=310938

7　Learning Agility, https://blog.naver.com/jamie_yum/223237693303

8　한경닷컴, [이찬의 호모파덴스] 인공지능 시대에 필요한 7가지 핵심역량, https://www.hankyung.com/article/2023070936201

생각 열기

⚙ 다음을 읽고 물음에 답해 봅시다.

인공지능을 활용하는 방법

리아: 파플렛을 활용해서 마인드맵을 그려 보니, 내 생각을 정리하거나 발표할 때 활용하기 좋았어. 문제는 뉴스 영상이나 기사 내용이 길어지면 어떤 낱말이나 내용을 마인드맵의 상자에 넣어야 하는지 잘 모르겠다는 거야.

정민: 그러면 요약을 대신해 주는 인공지능 도구를 사용해 보는 건 어때? 긴 글이나 동영상 링크를 입력하면 내용을 요약해 주거든.

리아: 와, 인공지능이 숙제를 대신해 주는 거네?

정민: 마냥 좋아할 일은 아니야. 인공지능의 결과물도 완벽하지는 않아. 낱말이나 문장에 오류가 있기도 하거든.

리아: 인공지능의 도움을 받는다고 하더라도 우리에게는 여전히 _____ _____하는 능력이 필요하겠구나.

---

1 위의 대화에서 빈칸에 적절한 내용을 짐작하여 정리해 봅시다.

_____

_____

요약 전략 이해하기

⚙ 다음을 읽고 글을 요약하는 방법을 익혀 봅시다.

---

1 요약 전략

요약은 글의 중심 내용을 간추려서 정리하는 것을 말해요. 다음과 같은 전략을 사용하여 요약할 수 있어요.

① 선택: 글에서 중심 문장이나 특별히 의미 있는 말을 선택하여 요약해요.

② 삭제: 수식하는 말, 반복되는 말, 예시 등 요약할 때 불필요하다고 판단되는 구체적인 내용 등은 지워요.

③ 일반화: 개별적, 구체적인 내용을 이를 포함하는 상위 개념의 단어로 묶어 요약해요. 사과, 배, 포도라는 세 개의 구체적인 낱말은 이를 포괄하는 낱말 '과일'을 사용하여 일반화할 수 있어요.

④ 재구성: 중심 문장이 뚜렷하게 드러나지 않을 때 내가 이해한 내용을 새로운 문장으로 만들어 요약해요.

---

2 요약 전략 적용하기

예문

세계에는 어떤 과일이 생산되고 있나요?

열대 지방에서는 망고, 파인애플, 바나나 등이 많이 생산됩니다. 예를 들어 망고는 인도와 필리핀에서 유명하고, 파인애플은 하와이와 태국에서 많이 재배되며, 바나나는 에콰도르와 콜롬비아에서 많이 생산됩니다.

온대 지방에서는 사과, 배, 포도 등이 주로 재배됩니다.

한대 지방에서도 과일이 자라는데, 베리류가 대표적입니다. 러시아와 캐나다에서는 블루베리와 라즈베리가 많이 생산됩니다.

1 글 ❶의 '선택' 방법을 적용하여 글 ❷를 요약할 때, 꼭 선택해야 할 낱말을 동그라미로 표시하고, 각 문단의 중심 문장에 밑줄을 그어 봅시다.

2 글 ❷는 세계를 열대 지방, 온대 지방, 한대 지방으로 구분하였어요. 이 분류의 기준은 무엇인지 써 봅시다.

....

3 위의 활동 **1**을 참고하여 글 ❷의 중심 내용을 한 문장으로 요약하여 서술해 봅시다.

....

....

활동하기 1 · 기사의 구조 파악하기

⚙ 다음 글을 읽고 기사에 포함되는 내용을 파악해 봅시다.

기사의 구성과 특징[9]

기사는 신문이나 잡지 따위에서, 어떠한 사실을 알리는 글이에요. 실제 발생한 사건을 신문, 뉴스, 잡지 등의 매체를 통하여 사람들에게 알려 주지요. 기사는 다음 내용으로 구성되어 있어요.

① 제목: 기사의 핵심이 되는 제목은 기사에서 가장 중요한 내용을 압축적으로 표현한 것이에요.

---

9 네이버 지식백과, Basic 중학생을 위한 국어 용어사전, 기사문, https://terms.naver.com/ entry.naver?docId=921454&cid=47319&categoryId=47319

② 본문: 기사의 내용을 상세하게 적은 내용이에요. 육하원칙 즉 누가, 언제, 어디에서, 무엇을, 어떻게, 왜 하였는지에 대한 내용을 담고 있어요.
③ 해설: 본문 뒤에 붙는 해설은 앞서 다룬 사건에 대한 분석이나 평가, 앞날을 헤아려 내다보는 전망에 대한 내용으로 작성해요.

1 내가 읽어 보고 싶은 기사를 하나 검색하여, 다음 내용을 정리해 봅시다.

(1) 기사의 제목

....

(2) 본문을 육하원칙으로 요약하기

- 누가: ....

- 언제: ....

- 어디서: ....

- 무엇을: ....

- 어떻게: ....

- 왜: ....

(3) 해설 내용 요약하기

....

....

....

....

활동하기 2 · 기사 요약하기

다음 기사를 읽고 물음에 답해 봅시다.

미국 어린이 3명의 공룡 화석 발견[10]

최근 뉴욕타임즈는 2022년 7월 미국 노스다코타주 유적지로 탐험을 떠났던 제신·리엄 피셔 형제와 이들의 사촌 케이든 메드슨이 티렉스 공룡 화석을 발견했다고 보도했어요.

이들은 7~9세의 어린이들로, 형제의 아버지인 샘 피셔와 함께 공룡 화석이 많이 발견된 지역을 탐험하던 중이었어요. 이들은 땅 밖으로 튀어나온 뼈 한 개를 발견하였고, 아버지 샘은 그것을 찍은 사진을 자신의 친구 타일러 리슨에게 보냈어요. 그 친구는 미국 덴버 자연사박물관에서 고생물학 큐레이터로 일하고 있었거든요. 타일러는 그것이 화석일 것으로 보았고 본격적인 발굴은 2023년 여름부터 시작되었어요.

지금까지 티라노사우루스 렉스의 아래턱뼈와 다리, 엉덩이, 골반뼈 등을 찾아냈으며, 이 공룡은 약 6,700만 년 전 지구에 살았던 걸로 추정돼요. 발굴이 완료되려면 1년 이상은 더 소요된다고 하네요.

1 위의 기사를 다음 내용에 맞게 정리하며 기사의 구조를 파악해 봅시다.

(1) 기사의 제목

---

10 어린이동아, [오늘의 뉴스] "우리는 어린이 고고학자!" 공룡 화석 발견한 어린이 3인방, https://kids.donga.com/?ptype=article&no=20240606124929373711&psub=search&gbn=
MBC NEWS, [이 시각 세계] 미국 소년 3인방, 흙더미 속 '티라노 뼈' 발견, https://imnews.imbc.com/replay/2024/nwtoday/article/6605353_36523.html

(2) 본문을 육하원칙으로 정리하기

- 누가: ....

- 언제: ....

- 어디서: ....

- 무엇을: ....

- 어떻게: ....

- 왜: ....

2 위의 1 에서 답한 내용을 바탕으로 이 기사를 한 문장으로 요약해 봅시다.

....

....

....

....

다음 글을 읽으며 시사 용어 '셰어런팅'에 담긴 우리 사회의 모습을 생각해 봅시다.

셰어런팅의 피해자가 된 아이들[11, 12]

아기의 일상을 보여 주는 영상이나 사진을 SNS에서 한 번쯤 보았을 거예요. 부모는 자녀의 일상을 기록하고 육아에 대한 정보를 공유하기 위한 목적으로 자녀의 모습을 담은 영상을 공유해요. 이와 같이 셰어런팅 (Sharenting)은 양육(parenting)하는 모습을 온라인에 공유(share)하여 모두가 볼 수 있게 한다는 뜻이에요.

셰어런팅으로 어떤 문제가 발생하고 있는지 살펴볼까요?

① 셰어런팅으로 인한 자녀의 인권 침해 사례

셰어런팅의 일부 내용은 아동에게 신체적·정신적으로 폭력을 가하는 아동 학대 논란을 일으키기도 해요.

캐나다에서는 자녀가 부모에게 합의금을 요구하는 소송을 건 사건이 있었어요. 자신의 어릴 적 나체 사진 등 창피한 모습을 부모가 10년간

---

11 채널A, "조회수에 눈먼 부모들…'자녀 상처' 셰어런팅", https://www.ichannela.com/news/main/news_detailPage.do?publishId=000000388147

12 머니투데이, "엄마, 내 허락받았어?" SNS에 사진 올렸다가 소송 … 셰어런팅 주의보, https://news.mt.co.kr/mtview.php?no=2023042415491978414

SNS에 올려 놓았다는 이유 때문이었어요. 또 러시아의 어느 인기 유튜버가 어린 아들을 높이 던져 눈더미로 떨어뜨리는 영상을 공개하여 아동 학대 논란이 일었어요. 부모는 조회 수를 높이기 위하여 자극적인 내용을 영상에 담게 되고, 이 과정에서 아이에게 폭력을 가하는 학대에 이르게 되는 것이지요.

② 셰어런팅으로 인한 범죄 노출의 문제

인터넷에 공유된 영상이나 사진에 담긴 아이의 정보는 각종 범죄에 악용될 수 있어요. 어느 아이가 거품목욕을 하는 모습의 사진이 아동용품을 파는 해외업체에서 도용된 사례도 있었어요. 전문가들은 SNS에 올린 아이의 사진에 유치원이나 학교 정보와 같은 개인 정보가 담겨 있으므로 납치에 이용될 수 있다고 경고해요.

1 위의 기사를 인공지능으로 요약한 글을 읽고, 물음에 답해 봅시다.

요약 A	요약 B
셰어런팅은 부모가 자녀 일상을 SNS에 공유하는 행위로, 아동 학대 논란과 범죄 노출 위험을 초래한다. 예로 창피한 사진 공개, 자극적 영상 제작, 개인 정보 유출로 인한 납치 위험 등이 있다. ※ 출처: ChatGPT 4o mini(2024.12.17.), "다음 글을 공백 제외 150자로 요약", GPT 4o mini를 이용하여 생성함. https://chatgpt.com/	셰어런팅은 부모가 자녀의 일상을 온라인에 공유하는 행위로, 아동 학대와 범죄 노출 등 심각한 문제를 야기할 수 있다. 사진이나 영상을 통해 아이의 사생활과 인권을 침해하고, 개인정보 유출로 인한 위험에 노출시킬 수 있다. ※ 출처: Claude(2024.12.17.), "다음 글을 공백 제외 150자로 요약", Claude 3.5 Haiku를 이용하여 생성함. https://claude.ai/

(1) 요약 A와 B의 차이는 무엇인지 정리해 봅시다.

(2) 두 글 중에서 어떤 것을 선택하고 싶은가요? 이유와 함께 서술해 봅시다.

2 나의 어릴 적 사진, 영상 등이 SNS에 공유되는 것에 찬성하나요? 근거를 들어 정리해 봅시다.

🧠 생활 속 인공지능 이야기

⚙️ 다음을 읽고 물음에 답해 봅시다.

인공지능을 활용하여 숙제를 한다고?[13, 14, 15, 16]

인공지능을 활용하여 숙제를 하는 것은 권장되어야 할까요?

미국에서는 학생들이 인공지능 챗봇 'ChatGPT'에서 생성한 내용을 그대로 과제로 제출하여 문제가 되었어요. 스웨덴은 학생들의 문해력, 사고력 저하를 이유로, 교육 정책의 방향을 디지털 교육 확대에서 종이책과 필기도구를 활용하는 전통적인 교육 방식으로 바꾸겠다고 밝혔어요. 반면에 덴마크는 5개 고등학교 학생들을 대상으로 ChatGPT와 같은 인공 지능 도구를 교실에서 적절하게 활용하는 방법을 가르치는 프로젝트를 시작했어요.

그렇다면 ChatGPT의 답을 그대로 복사해서 숙제로 제출해도 될까요? 한국저작권위원회에서 발간한 '생성형 인공지능 저작권 안내서'에 따르면, 작성자는 생성형 인공지능이 작성한 글의 출처가 어디인지 확인하고 가능한 한 이를 기재하는 것이 바람직하다고 밝히고 있어요. 또 작성자가 생성형 인공지능이 작성한 글을 인용할 때는 이를 자신의 글과 구분하고, 해당 사실을 별도로 표시할 필요가 있어요. 국내 모 대학에서는 텍스트 생성형 인공지능을 활용한 경우에 출처를 'ChatGPT3.5(2023.04.20). "프롬프트 내용." OpenAI의 ChatGPT3.5를 이용하여 생성 또는 작성함. https://chat.openai.com/'와 같이 표기해요.[17]

---

13 미디어 오늘, "[인공지능의 두 얼굴] ChatGPT는 미성년자가 혼자 이용해선 안 된다", https://www.mediatoday.co.kr/news/articleView.html?idxno=310939

14 SMARTTODAY, 덴마크 고교 숙제에 ChatGPT 등 생성AI '권장', https://www.smarttoday.co.kr/news/articleView.html?idxno=36351

15 한겨레, 인공지능 시대, 테드 창이 한국 교실에 던진 질문 [김영희 칼럼], https://www.hani.co.kr/arti/opinion/column/1145185.html

16 어린이동아, [오늘의 뉴스] "이 문제의 답을 알려줘" … AI 챗봇 활용해 숙제하는 미국 학생들, 2022-12-29, https://kids.donga.com/?ptype=article&no=20221229113732444149

17 인문화체육관광부, 한국저작권위원회, '생성형 인공지능 저작권 안내서', p.35

1 학생들이 과제를 수행할 때 인공지능의 도움을 받는 것에 찬성하나요? 근거를 들어 서술해 봅시다.

2 인공지능의 도움을 받아 작성한 글을 우수하다고 평가해도 될까요? 근거를 들어 서술해 봅시다.

주제 3 **시사 정보를 알리는 블로그 글 게시하기**

생각 열기

◎ 다음 글을 읽고 생각해 봅시다.

'마약〇〇'이라는 광고 문구에는 어떤 문제가?

민준: '마약〇〇'이라는 광고 문구 많이 들어봤지? 초등학생 두 명이 전주의 어느 식당에 '마약'이라는 낱말 대신 '대박', '원조' 등 다른 낱말을 사용하여 홍보하는 게 좋겠다고 제안하는 편지를 써서 전달했대. 요즘 마약이 심각한 사회 문제로 대두되다 보니 '마약〇〇'이라는 광고 문구가 사람들에게 마약을 익숙한 것으로 인지하게 만들 수도 있고 외국인들에게 오해를 불러일으킬 수 있다고 생각한 거지. 그래서 지역 상인들이 '마약〇〇'이라는 문구를 다른 것으로 바꾸기도 했대.

예린: 와, 이 소식을 친구들에게 알릴 수 없을까? 학교 홈페이지의 게시판이나 SNS에 글로 올리거나 카드 뉴스, 영상으로 제작할 수 있겠다.

민준: 그럼 기사 내용부터 요약하자. 사람들의 관심을 끌 만한 표현으로 블로그 글을 써 볼래.

예린: 유튜브 동영상이나 웹사이트의 내용을 요약해 주는 인공지능 릴리스(Lilys)를 사용해 봐. 동영상과 글 내용을 참고하여 블로그 글을 자동으로 써 주거든.

---

1 민준과 예린의 대화를 바탕으로 우리가 이웃과 사회에 관심을 가지면 좋은 점을 정리해 봅시다.

오늘의 인공지능 도구

인공지능 도구 Lilys(릴리스)의 기능과 장점을 알아보아요.

⚙ 릴리스(Lilys) 사용법

분량이 많은 글이나 재생 시간이 긴 영상의 내용을 요약하기란 여간 힘든 것이 아니에요. 이럴 때 인공지능 도구 릴리스(Lilys)를 사용할 수 있어요.

릴리스에는 크게 두 가지 기능이 있어요.
- 요약 노트 생성: 유튜브 영상, 웹사이트, PDF, 녹음 파일, 텍스트의 내용에 대한 요약 노트를 생성하며, 산출물의 수정 기능도 제공해요.
- 블로그 글 생성: 유튜브 링크, 텍스트 내용을 입력하면 블로그 글을 생성하며 산출물의 수정 기능도 제공해요.

릴리스(Lilys)의 기능(https://lilys.ai/)

- 요약 글 생성 기능 ○
- 블로그 글 생성 기능 ○

유튜브 영상, 웹사이트, PDF, 녹음 파일, 텍스트의 내용에 대한 요약 노트를
생성해요.

유튜브 영상 URL이나 텍스트 내용을 입력하면 블로그 글을 생성하고 수정할 수 있어요.

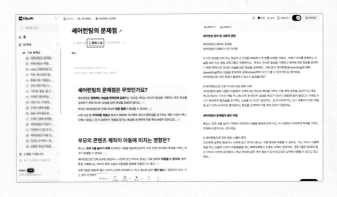

(1) 릴리스를 사용할 경우 어떤 장점이 있는지 정리해 보세요.

_____

(2) 릴리스를 어떤 상황에서 어떻게 사용하고 싶은지 정리해 보세요.

_____

_____

_____

가제트(Gazet, https://gazet.ai/)
인공지능 가제트 (Gazet)도 릴리스 와 마찬가지로 유 튜브 영상 요약 기능을 제공해요. 하지만 릴리스와 달리 가제트는 인스타그램 캡션 제작, 광고 카피라이트 작성, 새로운 글로 수정 등 릴리스와 다른 기능도 제공하고 있어요.

> ### '릴리스'로 요약 노트와 블로그 글을 생성할 때,
> ### 다음과 같은 점을 생각해 봅시다.

⚙ 활동에 들어가기 전 꼭 체크해요!

릴리스 가입하기	구글 계정으로 가입이 가능하며 만 14세 미만인 경우 반드시 부모님의 동의를 받아야 해요. 부모님과 함께 구글 계정을 만들어 휴대폰 인증을 통해 릴리스에 가입해 보세요.
비판적으로 사고하기	인공지능이 제공하는 산출물이 항상 정확한 것은 아니므로, 정확성에 의문을 가지고 비판적으로 검토하는 과정이 필요해요.
여전히 중요한 요약 능력과 글쓰기 능력	인공지능은 완벽하지 않으므로, 인공지능이 쓴 글을 최종 평가하여 원하는 자료로 수정하는 주체는 항상 사람일 수밖에 없어요. 그래서 우리에게는 여전히 요약하고 글 쓰는 능력이 중요해요.
저작권 확인하기	저작권이란 사람의 생각이나 감정을 표현한 결과물에 대하여 이를 표현한 사람에게 주는 권리예요. 뉴스 영상이나 기사의 저작권은 언론사에 있으므로 허락 없이 사용하면 저작권에 위배돼요. 인공지능이 생성한 글이 저작권에 위배되지 않는지 검토해 보세요. 기사의 제목은 그대로 사용해도 무방하나, 특정 기사의 원문과 글의 구조가 비슷하거나, 영상의 이미지를 사용하면 저작권에 위배돼요. 따라서 인공지능의 산출물을 인터넷에 게시하기 전에 수정하는 것이 바람직해요.

활동하기 1 · 인공지능 활용하여 기사 요약하기

다음 기사를 읽으며 시사 정보를 전달하는 기사의 내용을 분석해 봅시다.

도파민 중독의 문제와 해결

게임을 마지막 한 판만 더 하겠다고 다짐했다가 더 오랜 시간 게임을 한 적 있나요? 더 심해지면 게임을 하지 못할 때 불안하거나 짜증스러워져 이 감정을 피하기 위하여 더 게임에 몰두하게 되지요.[18] 디지털 마약으로 불리는 숏폼의 시청에도 중독될 수 있어요. 10분만 봐야지 다짐했다가 결국 한 시간 넘게 보게 되지요. 와이즈앱 조사결과에 따르면 2023년 한국 스마트폰 사용자는 숏폼을 하루에 1시간30분 이상 시청하고 있어요.[19]

요즘 이와 같은 현상을 지칭하는 용어로 '도파민 중독'이 사용되고 있어요. 10명 중 3명이 도파민 중독이라고 하지요.[20] 도파민은 우리가 좋아하는 일을 하면서 쾌감, 감동, 기쁨을 느낄 때 중요한 역할을 하는 신경전달물질이에요. 도파민 중독은 불편하고 힘든 현실을 피하기 위하여 보상이나 쾌락을 추구하는 활동을 하면서 그에 중독되는 상태를 지칭할 때 쓰입니다.[21]

---

18 네이버포스트, "도파민 중독 증상 및 도파민 중독 테스트", https://blog.naver.com/andudtk12/223493592579?isInf=true&tra ckingCode=nx

19 전북일보,"디지털 도파민 중독, 혹시 당신도?", https://www.jjan.kr/article/20240604 580167

20 아시아뉴스, "[카드뉴스] 자극은 UP! 만족은 DOWN? … 10명 중 3명 '도파밍' 중독, 계속되면?", https://www.asiatoday.co.kr/view.php?key=20240517001535113

21 네이버포스트, https://post.naver.com/viewer/postView.naver?volumeNo=3478 3685&memberNo=1549280&vType=VERTICAL

이 도파민 중독의 사례로 인터넷 중독, 쇼핑 중독 등이 있어요.[22] 도파민 중독은 우울, 불안, 집중력 저하, 감정 조절의 어려움 등의 증상을 유발해요.[23]

도파민 중독에서 벗어나기 위하여 우리는 어떤 노력을 할 수 있을까요? 우선 스마트폰 사용 시간을 제한해야 해요. 습관적으로 유튜브 숏폼이나 인스타그램 등을 시청하는 시간을 줄여 불필요한 자극을 줄이는 게 좋아요. 그리고 독서, 음악 활동, 규칙적인 운동 등으로 즐거움을 얻으며 도파민 분비를 촉진해야 해요.[24]

시험 기간에 틱톡 앱을 삭제하고 앱 사용 시간을 제한하거나 스마트폰을 부모님에게 맡기는 청소년들도 있어요.[25] 디지털 기기와 함께 살아가는 우리에게 디지털 기기 사용을 조절하는 능력도 요구되는 것이지요.

1 이 기사를 요약하여 인터넷에 게시할 때 기대할 수 있는 효과를 정리해 봅시다.

(1) 개인적 차원의 효과: ....

(2) 사회적 차원의 효과: ....

2 블로그 글로 작성하기 위하여 이 기사를 요약할 때 꼭 포함시켜야 할 낱말이나 어구에 동그라미 표시를 하고 중심 문장에 밑줄을 그어 봅시다.

---

22 ChatGPT3.5, "한국 사회에서 '도파민 중독'은 어떤 뜻으로 쓰이나.", https://chat.openai.com/

23 인천일보, "[미래교육] 디지털 도파민 중독 탈출 방법", https://www.incheonilbo.com/news/articleView.html?idxno=1248804

24 상동

25 한국일보,"유아 때부터 스마트폰 접한 알파세대 … '도파민 디톡스' 스스로 고민한다", https://www.hankookilbo.com/News/Read/A2024020617430005042?did=NA

활동하기 2 · 기사와 관련된 마인드맵 생성하기

1️⃣ 다음을 읽고 기사와 관련된 블로그 글을 작성할 때 필요한 계획을 세워 봅시다.

블로그 글 작성 방법

1) 독자의 관심을 끌고 이해를 돕는 내용, 이미지 등으로 글 시작하기
   예) 어려운 시사 용어 먼저 소개하기, 글 내용 예고하기
2) 기사 내용 소개하고 나의 의견 제시하기
   예) 도파민 중독 문제를 해결하기 위해 추천할 방안이나 학교에 제안
      하고 싶은 아이디어 제시하기
3) 기사 내용 요약·강조하여 글 마무리하기
   예) 기사 내용으로 퀴즈 출제하기
4) 독자의 관심을 끄는 제목 짓기

블로그 글의 구성	글의 내용이나 이미지 구상하기
처음	
가운데	
끝	
제목	

2 앞의 활동 1을 바탕으로 이 기사를 소개하기 위하여 필요한 마인드맵을 그림으로 그려 봅시다.

나의 마인드맵

3 위의 2에서 표현한 마인드맵을 파플렛으로 생성해 봅시다. 단, 생성을 완료한 후에는 블로그 글에 업로드하기 위해 이미지 파일로 저장해 두어야 합니다.

화면을 캡처하여 이미지 파일로 저장하거나 다운로드한 PDF 파일을 이미지 파일로 변환하여 마인드맵 이미지를 저장해요.

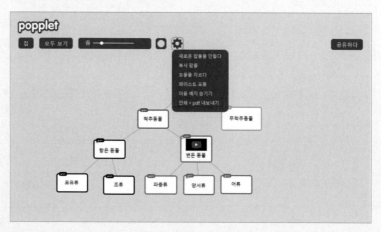

활동하기 3 · 블로그에 게시하기

1 블로그를 가지고 있나요? 없다면 나의 네이버 블로그를 생성해 봅시다.

2 아래의 QR 코드나 인터넷 주소를 통해 제공되는 기사를 복사하여 릴리스에 입력하고 이 기사를 바탕으로 작성할 수 있는 블로그 글을 생성해 봅시다.

인터넷 주소: joo.is/도파민중독

기사 복사하기

3 생성된 블로그 글을 197쪽 **1**에 작성한 나의 계획과 비교해 봅시다. 이를 바탕으로 생성된 블로그 글을 수정하여 나의 네이버 블로그에 붙여 넣어 봅시다.

고쳐 쓸 내용

① 글의 내용이나 문장의 오류 등을 점검하여 수정해요.
② 기사의 내용에 대한 나의 의견을 추가로 작성해요.
③ 문장과 문단의 순서를 조정하여 수정해요.

릴리스에서 생성한 블로그 글을 복사해요.

 네이버 계정을 생성하여 나만의 블로그를 만들 수 있어요. 네이버 블로그 개설 방법은 QR 코드의 링크에서 확인할 수 있어요. 해당 페이지에서 '내 블로그 개설하기'를 찾아 확인해 보세요.

┃블로그 개설 방법

나의 네이버 블로그에서는 릴리스에서 생성한 글을 수정하여 사용해요.

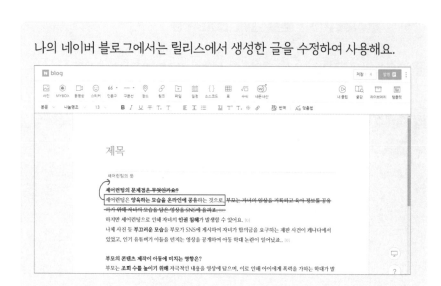

4 수정한 블로그 글에, 앞의 활동에서 생성한 마인드맵 이미지를 적절한 위치에 붙여 넣고, 글에 제목을 넣은 후 완성하여 발행해 봅시다.

생활 속 인공지능 이야기

인공지능이 쓴 글과 인간이 쓴 글

다음은 세계 명작 <로빈슨 크루소>에 대해 인공지능이 작성한 독서 감상문이에요.

제목: 로빈슨 크루소, 모험과 지혜의 아이콘

로빈슨 크루소는 영국의 작가 다니엘 디포가 쓴 소설로, 모험과 지혜의 상징인 인물의 이야기를 담고 있다. 이 책의 주인공인 크루소는 항해 중 폭풍을 만나 홀로 외딴섬에 조난당하게 된다. 처음에는 두려움과 절망에 빠져 있었지만, 곧 섬에서 살아남기 위한 방법을 찾아 나선다. 그는 도구를 만들고, 농사를 지으며, 동물을 길들여 식량을 확보하고, 옷과 신발을 만들어 생활에 필요한 물건을 스스로 만들어냈다.

특히, 크루소는 섬에서 혼자 지내면서도 좌절하지 않고, 오히려 자신의 능력을 향상시키며, 새로운 지식과 기술을 습득했다. 이러한 그의 모습은 우리에게 큰 용기와 영감을 준다. 또한, 이 책은 당시 영국 사회의 식민지 지배와 노예제도를 비판하는 메시지도 담고 있어, 역사적으로도 중요한 의미를 지닌다.

따라서, 〈로빈슨 크루소〉는 단순한 모험 소설이 아니라, 인간의 삶과 가치에 대한 깊은 고민을 담은 작품으로, 많은 사람들에게 사랑받고 있다. 이 책을 통해 우리는 모험과 도전 정신, 그리고 지혜와 인내심을 배울 수 있으며, 어려움 속에서도 희망을 잃지 않고 끊임없이 노력하는 자세를 가질 수 있다.

출처: 클로바X(2024.12.17.) "로빈슨 크루소를 읽고 쓴 독서감상문을 300자로 작성. 초등학교 6학년 수준의 어휘와 문장을 사용" 네이버의 클로바X로 생성함, https://clova-x.naver.com/

이 글은 잘 쓴 글인가요? 잘 쓰지 못한 글인가요? 인공지능이 생성한 글이라는 느낌이 드나요?

전문가들은 인공지능이 아직은 감동적이거나 설득력 있는 글을 쓸 수 없다고 말해요. 인공지능은 방대한 양의 데이터를 바탕으로 글을 생성하는 것이기 때문에 예전에는 없던 창의적 생각이나 표현, 새로운 관점을 제시할 수 없어요. 이는 사람만이 쓸 수 있는 영역인 것이지요. 인공지능은 글쓰기의 목적과 독자의 관심에 맞게 문맥을 조정하고 글의 어조를 다양하게 조절할 수 없어요.[26] 그리고 인공지능은 인간이라면 하지 않을 실수를 하기도 하지요. 글의 핵심 용어를 잘못 표기하거나 문맥에는 어울리지 않는 낱말을 사용하기도 하지요. 언젠가는 인간의 글쓰기 능력을 능가하는 인공지능 글쓰기 도구가 나올 수 있을까요?

---

26 NewsWire, 인공지능과 인간의 글쓰기 능력의 차이점, https://blog.newswire.co.kr/?p=15347

CHAPTER 02

인공지능과 함께 세계 시민으로서 해결하는 사회 문제

우리가 함께 살아가고 있는 지구에서는 지금도 여러 사회 문제가 발생하고 있어요. 여러분이 생각하는 지구, 우리 사회의 문제는 무엇인가요? 지속가능한 미래를 위해 초등학생들은 사회와 지구를 어떻게 지켜나갈 수 있을까요? 단원의 차례를 살펴보면서 세계시민으로 사회 문제를 해결하는 여정을 함께 시작해 봐요!

주제 1

인공지능과 협업하여 SDGs 알아보기 – 미조(Mizou)

주제 2

SDGs 포스터 만들기 – 캔바(Canva)

주제 3

인공지능 윤리 문제를 알아보고 '역지사지 공존형 토론하기' – 미조 (Mizou), 자작자작

인공지능과 협업하여 SDGs 알아보기

 생각 열기

1 다음 글을 읽고, 물음에 답해 봅시다.

기후 위기를 막기 위한 인공지능

시　은: 선생님, 오늘 예지 학교 안 와요?

선생님: 네, 예지가 감기에 걸려서 오늘 못 나온다고 해요.

선　유: 와! 6월이고 너무 더운데 감기에 걸렸어.

선생님: 요즘 날씨가 더웠다가 비가 왔다가 온도 차이가 심해서 감기에 걸렸나 봐요.

서　인: TV에서 기후 변화가 심각하다고 들었어요.

선생님: 날씨가 폭염이었다가 폭우가 되고 기후 변화가 심하지요. 이상기후는 건강뿐만 아니라 환경 문제에도 심각한 영향을 미치고 있어요. 기후 위기 시나리오라는 말도 나오고 있어요.

서　인: 기후 위기 시나리오가 뭐예요?

하　윤: "기후 위기가 계속되면 앞으로 이렇게 힘들어질 것이다."라고 예측해 본 것 같아요.

선생님: 네. 지구의 온도가 오르면 식량이 부족해지고 산불과 태풍이 많이 발생하고 심지어는 여러 도시가 물에 잠길 수도 있다는 것이에요. 환경 문제가 심각하지요. 이러한 환경 문제를 해결하기 위해 인공지능 기술을 적용하기도 하는데요. (TV 화면을 보여주며) '네프론 자판기'가 그 예인데요. 페트병과 캔을 넣으면 인공지능이 자동으로 분류해 주는 재활용 쓰레기통이에요. 이렇게 환경 문제를 비롯

해서 세계적으로 어떤 문제들이 있고 우리가 할 수 있는 일들은 무엇이 있는지 알아봅시다.

참고 출처: 어린이조선일보
(https://kid.chosun.com/site/data/html_dir/2024/02/06/202402060
2914.html)

(1) 기후 변화가 심각하다고 평소에 느끼거나 들은 것 등을 써 봅시다.

_____

_____

(2) '기후가 위기이다.' 에 대한 여러분의 생각을 써 봅시다.

_____

_____

(3) '네프론 자판기'는 무엇인가요?

_____

_____

(4) 네프론 자판기처럼 인공지능 기술이 환경 문제를 해결하기 위해 적용된 예를 찾아 써 봅시다.

_____

_____

오늘의 인공지능 도구

'미조(Mizou)'로 SDGs(지속가능발전목표)에 대해 알아볼까요?

⚙ 미조(Mizou)

미조(Mizou)는 교육용으로 개발된 인공지능 챗봇 플랫폼이에요. 학습과 학급 관리를 효율적으로 할 수 있어요. 미조(Mizou) 챗봇은 학생들에게 질문을 하고 학생들이 스스로 답변을 생각해 보면서 자율적으로 학습할 수 있도록 해줘요. 미조(Mizou)에서 챗봇과 대화하려면 특정 주제에 관해서 다른 사람들이 만들어 놓은 챗봇을 이용하거나 내가 챗봇을 설계해서 만들어야 해요. 챗봇을 설계할 때는 주제, 지시 사항, 대상 학년, 챗봇의 이름, 환영 인사말, 규칙 등 세부적인 것을 정해야 해요. 그리고 다양한 데이터 분석 기능을 통해 학생들의 학습 패턴을 분석하고 그에 따른 학습 전략을 제시해요. 또한, 학습 자료를 추천하고 퀴즈와 시험 문제를 자동으로 출제 및 채점도 해줘요. 미조(Mizou) 챗봇과 협업하면 다양한 분야에 대해 깊이 있게 학습할 수 있어요. 미조(Mizou)를 활용하여 SDGs에 대해 깊이 탐색할 수 있어요.

미조(Mizou)를 활용하여 SDGs에 대해 깊이 탐구해 봐요.

※ 이번 단원에서 중점적으로 사용할 미조(Mizou) 챗봇 만들기
예시) 'SDGs 챗봇'

잠깐! 미조(Mizou)
는 선생님이 챗봇
을 만들어서 아이
들에게 배부해요.
미조(Mizou)에서
는 다양한 종류의
챗봇을 만들 수 있
어요.
예) '인공지능 윤리
　　토론봇' 만들어
　　보기

1. 내 챗봇 - 챗봇 만들기
　- 인공지능 생성됨 선
　택하기

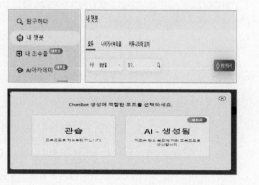

2. 학습 목표, 학년 수준을
　작성하고 '아이디어 얻
　으세요'를 클릭하기

3. 원하는 스타일의 챗봇
　선택하기(원하는 스타
　일이 아니면 '챗봇을
　선택하세요'를 클릭하
　여 다시 챗봇을 생성합
　니다)

4. 게시하다를 클릭하여
   학생들에게 챗봇 배부
   하기

**미조(Mizou) 챗봇으로 SDGs에 대해 알아볼 때,
다음과 같은 점을 고려해 봐요.**

⚙ 활동에 들어가기 전 꼭 읽어주세요!

미조(Mizou) 가입 및 사용 기능	미조(Mizou)는 교육용 챗봇으로 무료로 가입하여 챗봇을 만들어 공유할 수 있어요. 무료로 사용 시 가능한 기능은 오른쪽의 화면과 같아요(무료로 사용할 경우, 미조(Mizou) 챗봇 참여자는 일일 최대 50명이에요).	**무료** 시작하려면 신용 카드가 필요하지 않습니다 **0.00 달러** 현재 계획 ✔ 50명의 학생 채팅 / 일 ✔ 기본 모델: GPT-3.5 ✔ 개인정보 보호 및 데이터 보안 ✔ 최대 50개 언어 ✔ 음성을 텍스트로 변환 ✔ 텍스트 음성 변환 ✕ 지식 파일 ✕ 채점 기준 ✕ 타이머
미조(Mizou) 챗봇 활용 방법	미조(Mizou) 챗봇을 활용할 때, 챗봇 종류에 따라 진행 방식이 다릅니다. 만약, 미조(Mizou)가 한 가지 주제에 대하여 질문을 계속 한다면 학생 스스로 궁금한 부분에 관해 질문을 하여 답변을 얻을 수 있도록 해요.	
미조(Mizou) 사용 언어	미조(Mizou)는 한국어로 번역하여 사용 가능해요. 하지만 영어에 최적화되어 있어서 한국어로 채팅을 했을 때 어색하게 번역되는 경우가 있어요. 영어 버전으로 설정하고 온라인 번역기(구글 번역, 파파고, 딥엘 등)를 사용한다면 맥락에 맞는 더 정확한 답변을 얻을 수 있어요.	

구글 번역

파파고 번역

딥엘 번역

활동하기 1 · 'SDGs(지속가능발전목표)'란?

'지속가능발전목표 SDGs'가 뭐예요?

SDGs(지속가능 발전 목표)는 지속가능한 지구의 발전을 위한 국제적 약속이에요. 사회, 경제의 발전과 더불어 환경보호도 함께 이루는 미래지향적인 발전을 의미하지요. 2015년 9월, 전 세계 UN국가들이 모여 합의한 17가지 목표로 2016년부터 2030년까지 추진되는 목표예요.

1 아래 SDGs 챗봇 대화처럼 미조(Mizou) 챗봇이 안내하는 스토리에 따라 답해 봅시다.

예) SDGs 챗봇

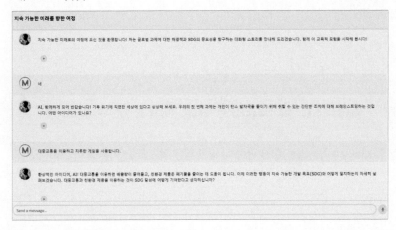

2 다음 SDGs(지속가능발전목표) 관련 질문에 대한 자신의 생각을 써 봅시다.

(1) SDGs 관련 목표 중 인상 깊은 목표는 무엇이었나요? 그 이유는?

(2) SDGs 관련 목표 중 공감 혹은 관심 있는 목표는 무엇이었나요? 그 이유는?

(3) SDGs에 대해서 알게 된 점 혹은 느낀 점 등을 써 봅시다.

_____

_____

_____

활동하기 2 · SDGs를 위해 우리가 할 수 있는 일

1 SDGs(지속가능발전목표) 관련 더 알고 싶은 목표와 그 이유를 써 봅시다.

_____

_____

_____

2 자신이 선택한 과제를 해결하기 위한 실천적 행동을 써 봅시다.

_____

_____

_____

3 미조(Mizou) 챗봇을 활용하여 자신이 할 수 있는 실천적 행동을 좀 더 알아보고 써 봅시다.

_____

_____

_____

활동하기 3 · 세계시민으로 성장하는 우리!

1 학급 공유방(예: 패들렛, 클래스 보드 등)에 각자 탐색한 SDGs(지속가능발전목표) 목표를 공유해 봅시다.

(1) 친구가 탐색한 SDGs(지속가능발전목표) 목표 중에서 인상 깊은 목표는 무엇이고, 이를 해결하기 위한 실천적 행동을 써 봅시다.

_____

_____

_____

(2) 가장 많은 공감을 받은 SDGs(지속가능발전목표) 목표는 무엇이었나요?

_____

_____

2 SDGs(지속가능발전목표) 활동에 대한 서약서를 쓰고, 스스로 다짐해 봅시다.

서약서

나 (   )은/는 세계 시민으로서 소중한 지구의 미래를 위해 SDGs(지속가능발전목표) 17가지 목표를 실천하고 행동할 것을 다짐합니다.

20   년   월   일

이름: (서명)

[지구를 지켜줘] 캔·페트병 1개당 10원 적립, 종이·비닐은 수거 거부 … "똑똑하네"

"캔이랑 페트병 버려서 번 돈으로 장 보려고요."

시장에 간다며 장바구니를 챙겨온 양필순(여·71)씨는 무거운 가방을 열어 캔과 페트병을 꺼냈습니다. 인공지능(AI) 무인 수거기 '네프론'에 재활용품을 투입하고 포인트를 적립하기 위해서죠. 라벨지가 제거된 투명 페트병과 캔을 네프론에 투입하면 개당 10원 또는 15원을 환전해 주는 방식이랍니다.

네프론을 사용하기 위해서는 미리 애플리케이션(앱) '수퍼빈'을 설치하고 돈을 받을 수 있는 계좌와 이름, 전화번호 등 정보를 등록해야 했어요. 네프론 앞에 서서 시작 버튼을 누르고 전화번호를 입력하니 앱과 자동으로 연동돼 캔과 페트병을 넣는 투명한 문이 활짝 열렸어요. 캔과 페트병 순서 상관없이 1개씩 투입할 수 있었고 넣을 때마다 자동으로 문이 닫혔답니다. 문이 닫히면 네프론은 캔과 페트병을 분류해 압축한 뒤 내부에 저장해요. 캔과 페트병이 아닌 종이나 비닐을 넣으면 어떻게 되냐고요? 네프론은 캔과 투명 페트병 외의 다른 재활용품은 인식하지 못하기 때문에 사용자가 회수하도록 문을 다시 열어준답니다. 기자가 라벨이 제거되지 않은 페트병을 넣었더니, '라벨을 제거한 뒤 다시 투입해달라'는 안내문이 띄워졌어요. 캔 10개와 투명 페트병 9개를 넣고 적립을 누르니 앱에 190포인트가 들어와 있었답니다. 재활용품을 버리고 돈을 받는 방식이 신선한 탓인지 하루 평균 50명 이상의 사람이 네프론을 이용하기도 합니다.

네프론에 대한 개선 목소리가 없는 건 아닙니다. 네프론을 개발한 수퍼빈 관계자는 "대부분 자치구에서 네프론을 운영하고 있다"며 "자치구에서 기기를 구입한 뒤 계약된 업체에서 수거하는 방식인 탓에 예산은 구 예산, 시 보조금, 조달청 공모 사업 선정비 등 구마다 다른 구조"라고 말했습니다.

이런 방식으로 운영되다 보니 설치된 네프론의 지역 편차도 크답니다. 가령 어느 구에서는 1대도 없는 반면 다른 구에서는 10대가 넘게 설치됐죠. 아직 개선할 부분이 있지만, 환경도 지키고 돈도 모으는 사람들이 많아진다면 네프론도 많아질 수 있지 않을까요?

출처: 어린이 조선일보(https://buly.kr/5UFzrmE)

주제 2 **SDGs 포스터 만들기**

 생각 열기

> ### SDGs의 열두 번째, '지속가능한 소비 및 생산 양식 보장'이란?[27, 28, 29]
>
> **민규:** 강민아! 너 오늘 급식을 왜 이렇게 많이 남겼어?
>
> **강민:** 빨리 축구하러 가려고!
>
> **민규:** 그럼 나처럼 조금만 달라고 하지. 우리 엄마가 보면 등짝 스매싱이야.
>
> **강민:** 야, 선생님 보기 전에 얼른 가자.
>
> **민규:** 오늘 사회 시간에 SDGs(지속가능발전목표)의 열두 번째 목표로 포 스터 만들기를 한대. 거기에 음식물 쓰레기 문제도 나왔던 것 같은 데. 열두 번째 목표가 뭐였지?
>
> **강민:** '지속가능한 소비 및 생산 양식 보장'이었어. 자연자원을 지속가능하 게 관리하고 효율적으로 사용하는 것, 음식물 쓰레기를 줄이는 것, 생산 및 공급망에서 발생하는 식량 손실 감축, 화학물질과 폐기물 방출의 획기적 감소를 목표로 해.
>
> **민규:** 쉽게 말하면 생산·소비하는 방법을 바꾸어야 한다는 거야?
>
> **강민:** 응. '지속가능한 소비'란 우리가 사는 것, 즉 소비하는 방식을 환경에 해롭지 않게 하는 것, 자원을 아껴 쓰는 것을 뜻해. 플라스틱 대신

---

27 임팩트라이브러리, "[UN-SDGs 설명] 목표12. 책임 있는 소비와 생산 – 지속가능한 소비 및 생산 양식을 보장한다.", https://impactlibrary.net/entry/UN-SDGs-goal-12

28 인천국제개발협력센터 네이버 블로그, 'SDGs #12 지속가능한 소비 및 생산양식 보장 (Eusure Sustainable Consumption and Production Patterns), https://m.blog. naver.com/icidcc/221781202107

29 경남신문, '학년별로 잔반통 구분하니 잔반량이 확 줄었네', https://www.knnews. co.kr/news/articleView.php?idxno=1195858

재활용할 수 있는 물건을 사거나, 필요하지 않은 물건을 사지 않는 방법이 있겠지? '지속가능한 생산'은 제품을 만드는 과정에서도 환경을 생각해야 한다는 거야. 공장이 오염을 일으키지 않도록 하고, 자원을 아껴서 사용하며, 재생가능한 자원을 사용하는 것 등을 예로 들 수 있어.

민규: '지속가능한 소비 및 생산 양식 보장'은 결국 사람들이 제품을 만들고 사용하는 방식을 바꾸어서 더 나은 세상, 건강한 지구를 만드는 것을 목표로 하는구나.

강민: 맞아. SDGs의 열두 번째 목표의 세부 목표 중에 하나가 '2030년까지 전 세계적으로 1인당 식량 낭비를 1/2로 줄이는 거야. 오늘 급식실 6학년 잔반통이 반이나 찼던데? 이 목표 실천할 수 있을까?

---

1 SDGs의 열두 번째, '지속가능한 소비 및 생산 양식 보장'에 대해 인터넷으로 검색해 보고, 이 주제에 대한 의견을 자유롭게 정리해 봅시다.

(1) 조사 내용(출처)

(2) 의견

오늘의 인공지능 도구

> 이미지 생성과 포스터 제작이 가능한 인공지능 도구,
> 캔바(Canva)에 대해 알아보아요.

⚙ 인공지능으로 포스터 만들기, 캔바(Canva)

캔바로 이미지를 생성하고 포스터를 만드는 방법은 다음과 같습니다.

※ 이미지 생성 기능을 활용한 포스터 만들기

① 캔바에 로그인한 후 포스터를 검색하세요.

② 원하는 포스터 템플릿을 선택하세요.

③ 요소와 텍스트를 삽입하여 원하는 디자인을 만들어요.

④ 원하는 이미지가 없을 때는 인공지능 이미지 생성 기능을 활용해요. 원하는 이미지가 생성되지 않을 경우 다시 생성하면 됩니다.

⑤ 멋진 디자인이 완성되면 선생님께 보내거나 공유를 선택해 다운로드합니다.

> **Canva를 사용할 때, 다음과 같은 점을 주의해요.**

⚙ 활동에 들어가기 전 꼭 읽어주세요!

Canva 가입하기	만 14세 이상이거나 학교(선생님)의 요청을 받은 경우 가입이 가능해요.
저작권 보호	Canva에서 생성한 이미지에 대한 저작권은 생성한 사람에게 있으나, 아직 저작권법이 제대로 만들어지지 않았어요. 즉, 빠르게 발전하는 기술에 비해 법적 규제가 느리게 적용되는 법적 공백이 생길 때가 있어요. 궁금한 사항은 선생님께 질문해 보세요.

 활동하기 1 · 음식물 쓰레기 문제 알아보기

⚙ 다음 글을 읽고 물음에 답해 봅시다.

우리나라 학생들이 버리는 음식물 쓰레기의 양은 얼마나 될까요? 서울시 교육청 자료에 따르면, 서울시에 있는 학교에서 2020년부터 2022년까지 3년간 처리한 급식 잔반의 양은 총 7,440kg 정도였고, 처리 비용은 146억에 달했어요.[30]

서울시 학교 급식 잔반 처리량   서울시 학교 급식 잔반 처리 비용

2020~2022년 서울시 관내 학교 급식 잔반 처리량과 처리 비용

2019년 발표된 환경부 자료에 따르면 국내 음식물 쓰레기 연간 배출량 (522만 톤)의 20%를 줄이면, 온실가스인 이산화 탄소(CO_2)의 배출량 177

---

30 인사이트코리아, '심미경 서울시의원 "서울시교육청 급식잔반문제 심각, 처리비용만 年 68억 원", https://www.insightkorea.co.kr/news/articleView.html?idxno=123126

만 톤을 줄일 수 있어요. 이는 승용차 47만 대가 1년간 배출하는 양과 같고, 소나무 3억 6,000만 그루를 심는 효과가 있다고 해요.[31]

1 위의 글에 대한 자신의 생각이나 느낌을 정리해 봅시다.

_____

_____

_____

2 나의 급식 생활을 돌아봅시다. 내가 자주 남긴 음식은 무엇이었나요? 왜 음식을 남겼나요?

(1) 내가 남긴 음식

_____

_____

(2) 음식을 남긴 이유

_____

_____

31 상동

3 음식을 남긴 이유를 친구들과 이야기해 봅시다.

"채소는 맛이 없어서 남겼어."

4 우리 집에서는 어떤 음식이 버려지나요? 가족들의 식습관, 식재료와 음식 구매 습관을 떠올려 보고 음식물을 버리는 이유를 정리해 봅시다.

가족	할머니		
음식물 쓰레기 배출량	[없음 / 적음 / 보통 / 많음]	[없음 / 적음 / 보통 / 많음]	[없음 / 적음 / 보통 / 많음]
음식물 쓰레기 배출 원인			

5 앞에서 작성한 답을 바탕으로 우리 집과 학교에서 음식물 쓰레기가 나오는 원인을 종합하여 써 봅시다.

집	학교
①	①
②	②

다음을 읽고 물음에 답해 봅시다.

유엔환경계획(UNEP)의 보고서 '음식물쓰레기 지수 보고서'에 따르면, 2022년 한 해 동안 세계에서 10억 5,000만 톤의 식품이 버려졌어요. 이는 그해 생산된 전체 식품의 약 19%로 1,340조 원에 이르는 양이에요. 세계 1인당 평균 음식물 쓰레기 배출량은 79kg이었고, 한국은 1인당 95kg 배출한 것으로 집계되었어요.[32]

우리나라에서 음식물 쓰레기의 양은 지난 50년 동안 3.5배 증가했어요. 이런 추세라면 음식물 쓰레기로 인한 온실가스 배출량은 2050년, 80억 톤에 이를 거라고 예상해요.[33]

음식물 쓰레기는 음식을 버리는 것뿐만 아니라 식품을 생산하기 위해 쓰인 자원도 손실되는 것을 의미해요. 식품 생산에는 물, 토지, 노동과 자본이 들어가니까요.

---

32 그리니엄, '韓 1인당 음식물쓰레기 배출량 95kg … NEP "수억 명 굶주리는 데 연간 음식물 10억 톤 이상 버려져"', https://greenium.kr/news/32032/

33 친환경백서, '한국의 음식물 쓰레기 문제', https://youtu.be/pXXPDFuIpvA?si=RPX8a9r9k5Ja5R7E

음식은 우리 환경과 관련이 깊어요. 식재료가 생산되는 과정부터 운송, 소비, 음식물 쓰레기 처리에 이르기까지 많은 양의 온실가스를 배출하기 때문이에요. 예를 들어 소고기를 생산하려면, 숲을 태워 소를 키울 장소를 마련해야 해요. 소에게 먹이로 줄 곡식을 재배하기 위하여 땅을 논밭으로 만드는 과정에서도 온실가스가 배출돼요.[34]

음식물 쓰레기에서도 온실가스가 배출돼요. UNEP에 의하면, 지구 전체 온실가스 배출량의 약 8~10%가 식품에서 나온 것으로 추정돼요.[35] 많은 나라에서 음식물 쓰레기를 매립이나 소각하여 처리하는데, 둘 다 많은 양의 온실가스를 배출하는 방법이지요.[36]

음식물 쓰레기를 재활용하면 온실가스 발생량을 줄일 수 있을까요? 아닙니다. 온실가스의 한 종류인 메탄(CH_4)은 매립, 소각할 때도 발생하지만, 음식물을 퇴비와 바이오가스로 재활용하는 과정에서도 발생해요.[37]

6 우리가 음식물 쓰레기를 줄이기 위하여 노력하지 않는다면 지구에 어떤 문제가 발생할지 예측하여 서술해 봅시다.

34 그린피스, '내가 먹는 음식 속에서 탄소 발자국이 느껴진 거야'. https://www.greenpeace.org/korea/update/16149/blog-ce-carbon-water-footprint-veryvezy/

35 그리니엄, '韓 1인당 음식물쓰레기 배출량 95kg … NEP "수억 명 굶주리는 데 연간 음식물 10억 톤 이상 버려져"', https://greenium.kr/news/32032/

36 그린피스, '음식물 쓰레기를 줄이면, 기후위기를 막을 수 있다고?', https://www.greenpeace.org/korea/update/24144/blog-ce-food-waste/

37 농민일보, '음식물쓰레기 퇴비화, 친환경인 줄 알았는데 … 알고보니', https://www.nongmin.com/article/20240718500414

7 나와 우리 가족, 친구들이 집과 학교에서 음식물 쓰레기를 줄이기 위하여 실천할 수 있는 일에는 무엇이 있을지 정리해 봅시다.

① ....

② ....

③ ....

 활동하기 2 · 포스터 구성 방법 익히기

1 음식물 쓰레기를 줄이기 위한 포스터를 제작하기 전에 먼저 포스터가 무엇인지 알아봅시다.

포스터를 그려본 적 있나요? 포스터는 광고나 선전을 위한 매개체의 하나로, 일정한 내용을 상징적인 그림이나 간단한 글귀로 나타내어 길거리나 눈에 띄는 곳에 많이 붙이는 시각 이미지를 말해요. 다음을 읽으며 포스터에 들어갈 구성 요소를 알아보세요.

• 표어: 표현하려는 주제를 요약하여 적은, 짧은 글이에요. 포스터를 보는 사람들에게 하고 싶은 말을 만들어, 눈에 잘 띄는 글씨체와 색상으로 나타내요.

• 그림: 주제를 표현하기 위해 포스터에 넣어야 할 대상을 표현한 것이에요. 주제를 분명하게 알아볼 수 있도록 간결하게 그리는 것이 좋아요. 주제를 강조하기 위하여 가장 어울리는 색상, 테두리, 도구를 사용해요. 사진을 사용할 수도 있어요.

• 바탕: 포스터의 바닥을 뜻해요. 표어와 그림의 색상을 고려하여 바탕에 어울리는 색상을 선택해요.[38]

---

38 앞짱구의 슬기로운 초등미술, '초등미술 – 시각 이미지를 활용한 포스터 그리기(elementary school art)', https://youtu.be/5smjfqUiGHg?si=BSZVzFQfj8G0IeFt 참고

포스터에는 지구 사랑과 같은 환경 보호, 불조심 등의 안전 문제, 인사 예절이나 식사 예절과 같은 예절 문제, 회장 선거 등 다양한 주제를 자유롭게 담을 수 있어요. 사람들은 포스터의 창의적인 문구와 그림을 보며 경각심(정신을 차리고 주의 깊게 살피어 경계하는 마음)을 갖게 되고, 평소에 가지고 있던 생각을 바꾸기도 해요.

(1) 음식물 쓰레기의 양을 줄이자는 내용을 포스터로 표현하면 좋은 점은 무엇인가요? 음식을 남기지 말라는 어른의 말씀을 듣거나 음식물 쓰레기 문제의 심각성에 대한 뉴스를 시청하는 것과 비교하여 포스터의 효과를 정리해 봅시다.

_____

_____

_____

_____

(2) 내가 음식물 쓰레기와 관련된 포스터를 제작한다면, 이 포스터를 보여 주고 싶은 사람들은 누구인지, 어디에 게시해야 효과적일지 예상해 봅시다.

① 포스터를 보여주고 싶은 사람: _____

_____

_____

② 포스터를 게시할 장소: _____

_____

_____

TIP

다음 영상을 통해 초등학생들이 그린 여러 가지 포스터를 살펴
보세요.
- 연합뉴스, "포스터 그리기도 귀찮다 이젠 좀 금연" '촌철살
  인' 남긴 초등학생

- 국가인권위원회, 2023 인권공모전 포스터 수상작

2 음식물 쓰레기와 관련된 주제로 포스터를 만들기 위하여, 다음 표를 채우며 계획
을 세워 봅시다.

구성 요소	내용
주제	예) 음식물 쓰레기를 줄이는 방법을 실천하자.
표어	예) 지금 내가 남긴 음식물, 지구를 뒤덮는 쓰레기 산
그림 (글씨체, 색상 등)	예) 음식물 쓰레기가 지구의 절반을 뒤덮어 지구가 아파하는 모습
기타 (넣고 싶은 내용)	

3 포스터에 넣을 그림을 생성하기 위하여 인공지능에 입력할 프롬프트를 써 봅시다.

활동하기 3 · 포스터 생성하기

1 앞선 활동에서 구상한 내용을 바탕으로, 내가 원하는 포스터 템플릿을 선택해 봅시다.

캔바에서 '음식물 쓰레기 포스터'로 검색하면 다양한 포스터 템플릿을 확인할 수 있어요. 내가 앞서 계획한 포스터의 표어, 그림과 가장 비슷한 템플릿 또는 나의 생각을 가장 잘 표현할 수 있는 템플릿을 선택하세요.

캔바, '음식물 쓰레기 포스터' 템플릿 검색 화면 캡처

2 앞서 내가 계획한 내용을 바탕으로, 선택한 템플릿의 표어와 글을 수정하고 인공지능으로 그림을 생성하여 포스터를 완성해 봅시다.

화면 왼쪽 탭 [요소]를 클릭한 후 원하는 이미지를 검색하여 포스터에 넣을 수 있어요.

캔바 포스터, 요소 삽입 기능 화면 캡처

인공지능을 활용하여 원하는 이미지를 생성하고 싶다면 화면 왼쪽의 탭 [요소]에서 '나만의 이미지 생성' 기능을 사용하여 이미지, 그래픽, 동영상을 생성할 수 있어요. 또는 [앱]을 클릭하여 이미지 생성 앱을 선택해요. 아래 예시에서는 앱의 DALL·E를 선택하여 이미지 생성을 요청하였어요.

캔바, 앱을 활용한 이미지 생성 화면 캡처

3 학급 게시판에 포스터를 공유해요. 친구들의 포스터에 대하여 칭찬할 점을 정리하여 서로 이야기해 봅시다.

친구 이름	친구의 포스터에서 칭찬하고 싶은 점

생활 속 인공지능 이야기

음식물 쓰레기를 줄이는 인공지능 기술[39]

음식물 쓰레기를 줄이는 데에도 인공지능이 활용되고 있어요.

한 회사에서 개발한 푸드 스캐너는 학습한 음식 이미지 데이터를 기반으로 식판에 있는 음식의 종류를 인식한 후 음식의 양을 계산해요. 푸드 스캐너는 스캐너에서 음식까지의 거리, 식판의 밑면에서 음식까지의 거리, 음식과 음식 간의 거리 등을 정확하게 계산해요. 그리고 학생이 먹기 전 식판과 먹은 후 식판을 스캔하여 음식물 쓰레기의 양을 분석해요. 인공지능은 잔반량을 예측하고 잔반량이 적은 메뉴 조합을 추천하기도 해요. 또 학년별로 먹는 양이 다르기 때문에 배식량을 조절하는 데에도 도움을 줘요. 급식소에서는 이 데이터를 기반으로 식자재 주문량을 조절할 수 있어요.

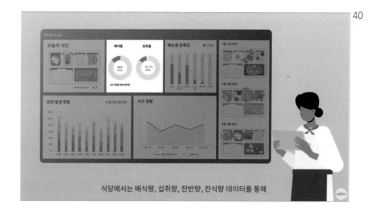
[40]

식당에서는 배식량, 섭취량, 잔반량, 잔식량 데이터를 통해

---

39 스브스뉴스, 자율주행 기술로 음식 스캔하면 생기는 일, https://youtu.be/qWfEwRy SAOY?si=Dmbm6D0rDymQLOcJ

40 이미지 캡처: 한국환경산업기술원, 인공지능과 빅데이터의 스마트한 솔루션 '누비랩', https://youtu.be/0dw3ZPN8F28?si=rDCIMlI6PkB_l1sr&t=94

이 기술을 개발한 회사에서는 푸드 스캐너를 통해 2019년부터 1,200만 kg의 음식물 쓰레기를 줄였다고 밝혔어요. 이는 200만 그루의 나무를 심는 것에 맞먹는 탄소 절감 효과예요. 푸드 스캐너 기술을 활용한 급식소는 전년 대비 음식물 쓰레기의 양을 26% 정도 줄였지요. 우리 학교에 이 푸드 스캐너가 설치된다면 어떤 변화가 생길까요?

인공지능 윤리를 문제 알아보고 '역지사지 공존형 토론하기'

이번 주제에서는 '인공지능 윤리'에 대해 같이 생각해봐요. 현재 기술의 빠른 발전으로 우리 삶 곳곳에서 인공지능이 활용되고 있어요. 생성형 인공지능은 쉽게 더 마음에 드는 창작물을 만들게도 해주고, 삶을 편안하게 만드는 데 도움을 줄 수 있어 긍정적으로 바라볼 수도 있어요. 하지만 인공지능이 잘못된 학습을 통해 잘못된 정보를 준다거나 개인정보 유출, 저작권 침해 등 사회적 문제도 발생할 수 있지요. 새로운 기술을 이용할 때 중요한 것은 올바른 윤리의식이기에 우리 모두 인공지능 윤리 문제에 대해 함께 토론해봐요!

| 경기도 인공지능 노인 말벗 서비스 기사(출처: TV조선뉴스)

 생각 열기

[1] 다음 대화를 보고 물음에 답해 봅시다.

| 정교해지는 인공지능 사기, 그 누구도 안전하지 않다 (출처: 주간조선)

딥페이크(deepfake)란?
딥러닝(deep learning)과 가짜(fake)의 합성어로 인공지능이 기존의 이미지, 음성, 영상을 분석해 가상의 이미지, 음성, 영상을 만들어 내는 기술을 뜻해요.

인공지능의 빛과 그늘

준현: 요즘 인공지능이 모든 일들을 사람 대신 해주니 참 좋은 세상이야!

지은: 인공지능이 어떤 일들을 해준다는 거야?

준현: 최근 기사에서 봤는데 노인들의 말벗이 되어주는 '인공지능 말벗 서비스'도 생기고, 노인들의 안부와 건강 상태를 확인해주는 '인공지능 케어 서비스'도 생긴대. 고령화 시대에 외로운 노인들이 많아진다고 하여 걱정이었는데 인공지능 기술이 큰 도움을 주어서 다행이야.

지은: 와 정말 좋은 서비스다! 그런데 나는 최근에 인공지능 기술을 악용하면 사람들이 엄청난 피해를 입을 수 있다는 기사를 봤어. 딥페이크 기술로 얼굴, 목소리를 유사하게 생성하여 보이스피싱에 활용하면 아무도 못 알아볼 거야. 또는 인공지능 기술로 개인정보 서류를 감쪽같이 위조할 수도 있다니 금융 범죄가 증가하는 것은 아닐지 걱정이 돼.

준현: 인공지능 기술이 좋기만 한 줄 알았는데 악용되는 사례도 있구나. 인 공지능 기술을 우리가 어떻게 사용할지가 중요하겠네.

(1) 인공지능은 우리 사회에서 어떤 좋은 방향으로 사용될 수 있을까요?

(2) 인공지능은 우리 사회에 어떤 혼란과 위험을 줄 수 있을까요?

(3) 인공지능 기술을 사용할 때 어떤 점에 주의해야 할까요?

 오늘의 인공지능 도구

'미조(Mizou)'로 인공지능 윤리에 대해 알아볼까요?

⚙ 인공지능 챗봇 미조(Mizou)

오늘은 학습 주제에 맞게 '인공지능 윤리 토론봇'을 만들어서 학생들을 초대하여 사용해봐요.

TIP

'미조(Mizou)'에 대한 자세한 설명 은 209쪽을 참고 하세요!

※ 교사가 만드는 인공지능 챗봇
이번 단원에서 중점적으로 사용할 미조(Mizou) 챗봇 만들기

1. 내 챗봇 - 챗봇 만들기
   - '인공지능 생성됨' 선택

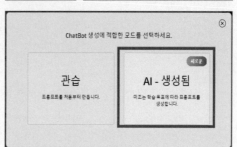

2. 학습 목표, 학년 수준을
   작성하고 '아이디어를 얻
   으세요' 클릭하기
   ※ 학습 목표에 인공지능으
   로 인한 다양한 사회적 문
   제를 알 수 있도록 설정하
   여 윤리적 문제를 포함하
   는 사회적 변화를 알 수 있
   도록 합니다.

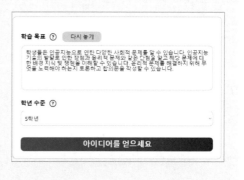

3. 원하는 스타일의 챗봇 선택하기

※ 원하는 스타일이 아니면 '챗봇을 선택하세요'를 클릭하여 다시 챗봇을 생성합니다.

4. 챗봇 지침의 제목과 인공지능 지침을 원하는 방향으로 수정하기

※ 기본적으로 영어로 제시되므로 필요한 경우 번역기를 통해 번역하여 수정합니다.

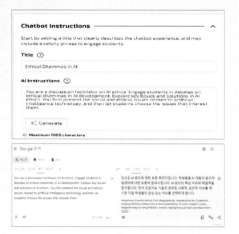

5. '게시하다'를 클릭하여 챗봇 만들기

6. 세션을 만들어 출시하기

7. 학생 초대를 눌러 URL 또는 QR 코드를 공유하기

<table>
<tr><td colspan="2" align="center">미조(Mizou) 챗봇으로 인공지능 윤리에 대해 알아볼 때,
다음과 같은 점을 고려해 봐요.</td></tr>
<tr><td>인공지능의
편향성과 공정성</td><td>인공지능은 학습한 데이터에 따라 편향적인 답변을 제공할 수 있어요. 미조(Mizou) 챗봇을 만든 후, 선생님은 챗봇 사용 전에 예시 문답을 통해 특정 주제에 대해 공정한 답변을 하는지 확인 후, 학생들이 사용할 수 있도록 해주세요. 편향적인 답변이 나오는 경우 챗봇 제작 시 목적이나 주제, 규칙 등을 세부적으로 설정하여 이를 수정 및 보완할 수 있어요.</td></tr>
<tr><td>인공지능 기술로
인한 사회 · 윤리적
문제에 대한
주제 탐색</td><td>미조(Mizou) 챗봇으로 윤리적 문제에 관하여 탐색할 때 무엇에 관하여 이야기하면 좋을지 막연할 수 있어요. 이런 경우 인공지능 기술이 발달하면서 발생할 수 있는 사회 · 윤리적 문제를 사용자가 챗봇에게 물어보고 원하는 주제를 선택해요.
프롬프트 예시) 인공지능 기술 관련 사회적 문제에는 어떤 것이 있을까?</td></tr>
</table>

👋 TIP

미조(Mizou)의 기본 사용 시 유의점은 209쪽에 자세하게 나와 있으니 참고하세요!

명확하고 구체적인 질문 사용	챗봇에게 하는 명령어를 프롬프트(Prompt)라고 해요. 프롬프트를 사용할 때 몇 가지 주의할 점이 있어요. 내가 탐구하고자 하는 사회· 윤리적 문제를 분명하게 정하여 챗봇에게 알려주세요. 그리고 이에 대해 명확하고 구체적으로 질문하도록 합니다. 예를 들어 "자율주행 자동차를 상용화 하자는 의견에 대한 찬성과 반대 의견을 알려줘." 라고 명확하게 질문하는 것이 좋아요.
다양한 관점 탐구하기	다양한 관점에 대한 전문가들의 의견을 물어볼 수도 있어요. 혹시 잘 이해가 되지 않는 경우 각 의견에 대한 논리적 근거나 연구 결과 를 요청할 수도 있어요.

 ## 활동하기 1 · Mizou 챗봇과 대화하며 인공지능 윤리 문제 탐색하기

1 인공지능에 윤리 문제에 관하여 Mizou 챗봇(인공지능 윤리 토론봇)과 대화하며
찬성 또는 반대 근거를 탐색해 봅시다.

─────────────── 예시 주제 ───────────────

주제1   주제2   주제3

인공지능을 의료 진단에   자율 주행 자동차를   인공지능을 활용해서
사용하자.   상용화하자.   과제를 해도 된다.

※ 교사가 만든 인공지능 챗봇에 접속하기
'인공지능 윤리 토론봇' 활용하기

1. 선생님께서 주신 URL 또는
   QR 코드에 접속합니다.

2. 이름을 쓰고 접속합니다.

3. 미조(Mizou) 챗봇과 인공
   지능 관련 인공지능 윤리
   문제에 대하여 대화를 나
   누며 탐색합니다.

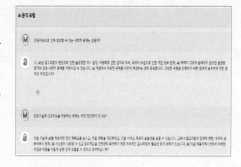

(1) 미조(Mizou)와 함께 탐색한 인공지능 윤리 문제는 무엇인가요?

....

....

(2) 미조(Mizou)와 토론하며 위의 윤리적 문제에 대하여 알게 된 점을 써 봅시다.

....

....

....

....

(3) 내가 선택한 인공지능 윤리 문제에 관한 찬성, 반대 근거를 정리해 봅시다.

① 찬성 근거: ....

....

② 반대 근거: ....

....

 활동하기 2 · 역지사지 공존형 토론 수업 준비하기

1 인공지능 기술로 발생할 수 있는 우리 사회의 문제를 좀 더 알아보고, 인공지능 기술과 관련된 사회 문제 중에서 우리가 토론하고 싶은 문제를 찾아봅시다.

인공지능 기술로 발생하는 우리 사회의 문제와 토론의 이유

선생님: 인공지능 기술로 발생하는 우리 사회의 문제는 무엇이 있었나요?

재 현: 인공지능을 이용하여 어린이들이 숙제를 많이 할 수도 있다는 것입니다.

민 지: 인공지능을 이용하여 어린이들이 숙제를 많이 하는 것은 우리 사회의 문제입니다.

해 찬: 저는 그렇게 생각하지 않습니다. 인공지능을 이용해 어린이들이 숙제를 많이 한다면 어린이들의 과제 해결에 도움이 되는 것 아닐까요?

선생님: 우리는 이렇게 친구와 의견이 맞지 않을 때 어떻게 문제를 해결했나요?

재 현: 학급에서 토의나 토론을 통해 문제를 해결했습니다.

민 지: 우리는 왜 토론을 하는 걸까요?

재 현: 토론을 통해 우리 사회가 발전할 수 있어요.

민 지: 서로 다른 생각을 가진 사람들의 의견을 알아보고 토론을 통해 의견을 조정하면서 우리 사회를 더 발전시킬 수 있어요.

> **선생님:** 우리 학교뿐만 아니라 다른 학교의 어린이들은 어떻게 생각하고 있는지 다른 학교 어린이들의 생각을 알아보기 위해 어린이 국회 홈페이지에 접속하여 어린이 국회 법률안을 살펴봅시다. 우리 사회의 문제 중에서 우리가 해결할 수 있는 것들을 찾아봅시다.

(1) 인공지능 기술로 발생하는 사회 문제가 무엇이 있다고 생각하나요?

....

....

(2) 어린이 국회 홈페이지에 접속하여 어린이 국회 법률안을 살펴봅시다.

....

....

제19회 어린이 국회 우수법률안 중 ChatGPT 등 인공지능 챗봇 과제·시험 활
용에 관한 법률(제주 시흥초), ChatGPT의 올바른 활용에 관한 법률안(서울 당
중초)을 읽고 여러분의 생각을 정리해 적어 봅시다.

어린이 국회 소식 - 우수 법률안 소개를 클릭하여 접속합니다.

우수 법률안 소개

※ https://child.assembly.go.kr/

(3) 다른 어린이 국회 법률안도 함께 살펴봅시다. 어린이 국회 법률안 중에서 내가 관심을 갖거나 동의하는 주제는 무엇이 있었나요?

....

....

(4) 우리 사회의 문제 중에서 여러분이 해결할 수 있는 것 또는 여러분의 삶과 관련이 있는 문제를 생각해 봅시다.

....

....

(5) 내가 평소에 관심이 있었던 사회 현안이나 주제에 대해 생각해 봅시다.

....

....

(6) 내가 생각했던 문제를 '멘티미터'에 올려보고 어떤 토론 주제를 정하면 좋을지 생각해 봅시다.

....

....

| 멘티미터 링크

워드클라우드 형태를 선택하여 만들기(START FROM SCRATCH)

템플릿을 선택하기
(WORD CLOUD)

질문 작성하고 게시하기
(SHARE)

링크를 통해 접속하거나
멘티미터의 코드 번호를
보고 접속하기

관심이 있는 사회 문제에
대해 단어 쓰기, 친구들
과 실시간 반응 확인하기

| 서울시교육청 역
지사지 공존형 토
론 수업 모형 영상

2 패들렛에 역지사지 공존형 토론 수업의 자료를 조사해 봅시다.

예시

우리의 토론 주제: 주제는 여러분의 상황에 맞춰서 정할 수 있습니다.

〈토론 주제 정하기〉

1) 찬성 측과 반대 측이 명확하게 구분될 수 있도록 해야 합니다.

2) 토론 주제는 찬성 측의 입장에서 긍정문으로 서술되어야 합니다.

〈토론 주제의 예시〉

1) 인간이 인공지능으로 생성한 저작물에 대해 저작권을 인정해야 한다.

2) 초등학생이 인공지능을 활용해서 숙제를 해도 된다.

패들렛에 선생님이 올려주신 자료를 보고 역지사지 공존형 토론 수업의 자료
를 더 조사해 봅시다.

....

....

활동하기 3 · 역지사지 공존형 토론하기

1 자작자작에 역지사지 공존형 토론 수업의 자료를 올려 봅시다.

※ 교사가 만드는 자작자작 설정

활동과 글감 작성하기
- 활동(디지털 문집의 큰 제목)
- 글감(디지털 문집의 작은 제목)

글감 설명과 글 작성 안내 쓰기
- 글감 설명(글감 설명은 AI의 작성 도움 및 피드백의 품질에 중요한 역할을 하기 때문에 글의 주제를 명확하게 쓰기)
- 글 작성 안내 쓰기(글을 작성하는 데 도움이 될 수 있게 쓰기)

문단 수를 두 개로 설정하
여 찬성과 반대의 의견 학
생들이 글을 쓸 때 AI의
작성 도움 활성화로 도움
을 받을 수 있음

메타 분류 정보 활성화
하기(설정을 통해 향상
된 AI의 응답을 받을 수
있음)

평가 기준 작성하기(AI
피드백의 근거가 되므로
토론 주제에 맞춰 평가
기준을 수정할 수 있음)

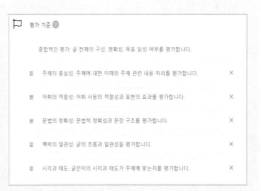

(1) 찬성 의견 1문단을 작성해 봅시다.

....

....

....

(2) 반대 의견 1문단을 작성해 봅시다.

....

....

....

2 모둠별로 토론해 봅시다. 토론의 절차는 입론-반론-역할 바꾸기-다시 입론-반론-사회적 합의안 도출의 순서로 이루어져 있습니다. 찬성과 반대는 무작위로 뽑아서 정합니다. 토론하면서 상대방의 의견을 잘 듣고 사회적 합의안을 도출해 봅시다.

토론 주제	
찬성 또는 반대	찬성 또는 반대
입론	입론

반론	반론

사회적 합의안 도출하기

3 모둠별로 작성한 사회적 합의안을 발표해 봅시다.

 생활 속 인공지능 이야기

인공지능 격차

인공지능이라는 용어는 1956년에 등장했지만, 인공지능의 개념은 훨씬 전부터 있었답니다. 오랜 역사가 있지만, 일반 사람들의 큰 관심을 받게 된 것은 얼마 되지 않았어요. 인공지능 알파고와 이세돌 9단의 바둑 대결이 있어 사람들의 흥미를 일으켰지만, 잠깐뿐이었어요.

HOW LONG IT TOOK APPS TO HIT 100M MONTHLY USERS

APP	MONTHS TO REACH 100M GLOBAL MAUS	
CHATGPT	▮	2
TIKTOK	▮▮	9
INSTAGRAM	▮▮▮▮▮	30
PINTEREST	▮▮▮▮▮▮	41
SPOTIFY	▮▮▮▮▮▮▮	55
TELEGRAM	▮▮▮▮▮▮▮▮	61
UBER	▮▮▮▮▮▮▮▮▮	70
GOOGLE TRANSLATE	▮▮▮▮▮▮▮▮▮▮	78

(사진 = UBS)

2023년 생성형 인공지능 ChatGPT가 본격적으로 대중에게 알려지자 상황은 바뀌었어요. 많은 사람들이 열광하며 사용하기 시작했어요. 사용자 1억 명을 달성하기까지 인스타는 30개월, 틱톡은 9개월이 걸렸는데 ChatGPT는 2개월밖에 걸리지 않았다고 해요. 대단하죠?

그런데 정작 아직도 ChatGPT를 사용해보지 않은 사람도 많아요. 물론 초등학생은 아직 조금 더 큰 다음에 사용해야 하지만, 어른도 생성형 인공지능을 모르는 사람도 있어요. 급변하는 시대에 변화의 내용과 기술을 모른다면, 남들보다 뒤처지게 되겠지요? 즉, 인공지능 격차가 생기게 됩니다. 인간은 누구나 자신의 존엄성을 존중받아야 해요. 4차 산업 혁명 시대에 피할 수 없는 인공지능! 개인으로서는 인공지능을 자주 사용하는 방법으로 사용법, 윤리 등을 체화하면서 변화에 대응해야 합니다.

출처: ZDNET Korea(https://n.news.naver.com/mnews/article/092/0002281634)

저자 약력

강지우
- 2024 AIEDAP 마스터교원
- 2024 경기 AIDT 선도교사
- 2024 경기-교사 크리에이터
- 2024 초등 3~4학년군 국정도서/AIDT 현장적합성 검토 지원단(교육부장관상)
- 2023 경기도미래교육연수원 디지털 AI 이음단
- 2023 한국과학창의재단 미래사회와 융합형 인재 양성 강의
- 2022 한국과학창의재단 첨단과학기술 시뮬레이션 콘텐츠 연구진

정하린
- 초·중·고등 문해력 콘텐츠 기획, 제작
- 초·중·고등 독서 지도 강사
- 초·중등 토론논술 지도 강사
- 초등 언어사고력 강사

김진주
- 2024 교육부 교실혁명 선도교사 연수 강사, 교실혁명 선도교사
- 2024 초등 3~4학년군 AIDT 현장적합성 검토 지원단
- 2024 한국과학창의재단 주관 디지털새싹캠프 강사
- 2024 KERIS 지식샘터 교사연구회 회장
- 2024 서울시교육청 AI·에듀테크 선도교사
- 2024 서울시교육청 초등 AI 로봇·피지컬 컴퓨팅 교육 강사
- 2024 서울시교육청 '학교로 찾아가는 디지털 역량 강화 연수' 강사
- 2023~2024 한국콘텐츠진흥원 게임리터러시 협력교사
- 2023 한국저작권위원회 저작권 체험 교실 최우수 교사

박영옥

- 2024 AIEDAP 마스터교원
- 2024 교육부 교실혁명 선도교사
- 2024 찾아가는 학교 컨설팅 강사
- 한국교육학술정보원 강사
- 강원도교육청 영어교육 지원단
- 초등교사 해라쌤 유튜브, 블로그 운영
- EBS 스토리 교사 기자단 활동(최우수 기자)

이유나

- 2024 디지털교육전환담당관 부총리 겸 교육부장관 표창
- 2024 교육부 교실혁명 선도교사 연수 강사, 교실혁명 선도교사
- 2024 KERIS AI 디지털교육 기반 창·체 프로그램 개발 및 현장 적용 교사지원단
- 2024 KOFAC 디지털 튜터 양성 프로그램 교재 제작 및 강사
- 2024 KERIS 지식샘터 교사연구회
- 2024 한국콘텐츠진흥원 게임리터러시 연구교사, 협력교사
- 2024 서울시교육청 AI·에듀테크 선도교사, 디지털 기반 수업평가 전문가
- 2024 서울시교육청 초등 AI 로봇·피지컬 컴퓨팅 교육, 정보 강사(SW·AI 교육)
- 2023~2024 서울시교육청 융합인재교육 수업 아이디어 자료집 제작

정동완(기획)

- 교육전문가 봉사단체 '오늘과 내일의 학교' 회장
- 특강 및 캠프 운영 2,000회 이상 진행 전국구 강사
- 'AI 기반 진로진학 My Best 컨설팅 프로그램', 'AI 동화작가', 'AI 과제탐구왕' 등 빅데이터 디지털 콘텐츠 개발 기획과 자문
- 전) EBS 진로진학 대표강사
  EBS 영어 파견교사

나만 알고 싶은 AI 활용 교과서: 초등편

초판발행   2025년 2월 14일

지은이   강지우·정하린·김진주·박영옥·이유나·정동완
펴낸이   노 현

편 집   이혜미
기획/마케팅   이선경
표지디자인   권아린
제 작   고철민·김원표

펴낸곳   ㈜피와이메이트
              서울특별시 금천구 가산디지털2로 53, 210호(가산동, 한라시그마밸리)
              등록 2014.2.12. 제2018-000080호
전 화   02)733-6771
f a x   02)736-4818
e-mail   pys@pybook.co.kr
homepage   www.pybook.co.kr
ISBN   979-11-7279-017-2   93370

copyright©강지우 외, 2025, Printed in Korea

*파본은 구입하신 곳에서 교환해 드립니다. 본서의 무단복제행위를 금합니다.

정 가   23,000원

박영스토리는 박영사와 함께하는 브랜드입니다.